O homem dos lobos
(História de uma neurose infantil)

SIGMUND FREUD (1856-1939) foi médico neurologista e fundador da psicanálise. Ingressou na Faculdade de Medicina de Viena aos dezessete anos, formando-se em 1881. Na França, realizou estudos sobre a histeria com o neurologista francês Jean Martin Charcot. Chegou a aplicar a técnica da hipnose em seus pacientes, posteriormente substituída pelo método de livre associação. Apesar da grande dificuldade que Freud enfrentou na aceitação de seus preceitos pela classe médica e pela sociedade em geral — sobretudo no que diz respeito à sexualidade infantil —, ele formou muitos seguidores; entre eles, Carl G. Jung, com quem romperia bruscamente mais tarde. Por fim, suas ideias sobre o inconsciente e a sexualidade desenvolvidas a partir de procedimentos terapêuticos revolucionaram as interpretações humanas no século XX. Entre os seus ensaios mais famosos estão *O Eu e o Id*, *A interpretação dos sonhos*, *Três ensaios sobre a sexualidade* e *O mal-estar na civilização*. A Companhia das Letras publica, desde 2010, as Obras Completas de Freud, com tradução de Paulo César de Souza.

PAULO CÉSAR DE SOUZA fez licenciatura e mestrado em história na Universidade Federal da Bahia e doutorado em literatura alemã na Universidade de São Paulo. Além de muitas obras de Nietzsche e Freud, traduziu *O diabo no corpo*, de R. Radiguet, *Poemas: 1913-1956* e *Histórias do sr. Keuner*, de B. Brecht. É autor de *A Sabinada: A revolta separatista da Bahia* e *As palavras de Freud: O vocabulário freudiano e suas versões*. Coordena as coleções de Nietzsche e Freud publicadas pela Companhia das Letras.

Sigmund Freud

O homem dos lobos

(História de uma neurose infantil)

Tradução de
PAULO CÉSAR DE SOUZA

PENGUIN
COMPANHIA DAS LETRAS

Copyright da tradução © 2010 by Paulo César Lima de Souza

Grafia atualizada segundo o Acordo Ortográfico da Língua Portuguesa de 1990, que entrou em vigor no Brasil em 2009.

Penguin and the associated logo and trade dress are registered and/or unregistered trademarks of Penguin Books Limited and/or Penguin Group (USA) Inc. Used with permission.

Published by Companhia das Letras in association with Penguin Group (USA) Inc.

TÍTULO ORIGINAL
Aus der Geschichte einer infantiler Neurose

PREPARAÇÃO
Célia Euvaldo

REVISÃO
Valquíria Della Pozza
Jane Pessoa

Dados Internacionais de Catalogação na Publicação (CIP)
(Câmara Brasileira do Livro, SP, Brasil)

Freud, Sigmund, 1856-1939
     O homem dos lobos : (História de uma neurose infantil)/
Sigmund Freud; tradução de Paulo César de Souza. — 1ª ed. —
São Paulo: Penguin Classics Companhia das Letras, 2016.

     Título original: Aus der Geschichte einer infantiler Neurose.
     ISBN 978-85-8285-027-5

     1. Neuroses — Estudos de casos 2. Psicanálise — Estudos
de casos I. Título.

15-11270   CDD-616.8917
                                                   NLM-WM-460

Índice para catálogo sistemático:
1. Psicanálise : Medicina 616.8917

[2016]
Todos os direitos desta edição reservados à
EDITORA SCHWARCZ S.A.
Rua Bandeira Paulista, 702, cj. 32
04532-002 — São Paulo — SP
Telefone: (11) 3707-3500 Fax: (11) 3707-3501
www.penguincompanhia.com.br
www.blogdacompanhia.com.br
www.companhiadasletras.com.br

Título original: "AUS DER GESCHICHTE EINER INFANTILER NEUROSE". Publicado primeiramente em *SAMMLUNG KLEINER SCHRIFTEN ZUR NEUROSENLEHRE* [Reunião de pequenos textos sobre a teoria das neuroses], v. 4, pp. 578-717; publicado em 1918, mas redigido quase inteiramente no final de 1914. Traduzido de *GESAMMELTE WERKE* XII, pp. 27-157; também se acha em *STUDIENAUSGABE* VIII, pp. 125-232.

1. Observações preliminares

O caso de doença que relatarei aqui[1] — mais uma vez de modo apenas fragmentário — distingue-se por um bom número de particularidades que devem ser destacadas antes da exposição. Trata-se de um jovem que adoeceu seriamente aos dezoito anos, após uma infecção gonorreica, e que anos depois, ao iniciar o tratamento psicanalítico, estava totalmente incapacitado para a vida e dependente dos outros. Os dez anos de sua juventude anteriores ao adoecimento ele os tinha passado de maneira relativamente normal, e havia concluído seus estudos secundários sem maior transtorno. Mas a sua infância havia sido dominada por um grave distúrbio neurótico, que teve início logo antes de seu quarto aniversário, como uma histeria de angústia (zoofobia), transformou-se em neurose obsessiva de conteúdo religioso e prolongou-se, com suas ramificações, até os dez anos de idade.

Apenas essa neurose infantil será objeto de minha comunicação. Apesar da solicitação direta do paciente, resolvi

[1] Esta história clínica foi redigida pouco depois da conclusão do tratamento, no inverno de 1914-5, ainda sob a impressão das reinterpretações distorcidas que C. G. Jung e A. Adler pretendiam fazer dos resultados da psicanálise. Ela está relacionada, então, à "Contribuição à história do movimento psicanalítico", publicada no *Jahrbuch der Psychoanalyse* [Anuário de Psicanálise], v. 6, 1914, e completa a polêmica essencialmente pessoal ali contida, por meio de uma apreciação objetiva do material analítico. Originalmente ela se destinava ao volume seguinte do anuário, mas, como a publicação deste foi adiada indefinidamente, por causa dos empecilhos da Grande Guerra, resolvi juntá-la a esta coleção preparada por um novo editor. Muita coisa que teria sido expressa pela primeira vez neste ensaio eu tive que abordar nas *Vorlesungen zur Einführung in die Psychoanalyse* [Conferências introdutórias à psicanálise], proferidas em 1916-7. O texto da primeira redação não teve nenhuma mudança significativa; os acréscimos são indicados por colchetes.

não publicar a história completa de sua enfermidade, seu tratamento e restabelecimento, porque essa tarefa me pareceu tecnicamente irrealizável e socialmente inadmissível. Com isso descarta-se também a possibilidade de mostrar o nexo entre a sua enfermidade infantil e aquela posterior e definitiva. Desta posso apenas dizer que levou o doente a passar longo tempo em sanatórios alemães e que na época foi classificada, pela mais competente autoridade, como um caso de "loucura maníaco-depressiva". Tal diagnóstico era certamente adequado ao pai do paciente, cuja vida, rica em atividades e interesses, fora perturbada por repetidos ataques de severa depressão. Mas no filho mesmo não pude notar, em vários anos de observação, nenhuma alteração de ânimo que exorbitasse, em intensidade e nas condições do seu aparecimento, a situação psíquica manifesta. Então formei a ideia de que esse caso, como tantos outros que na psiquiatria clínica tiveram diagnósticos variados e sucessivos, deve ser tomado como sequela de uma neurose obsessiva que transcorreu de modo espontâneo e se curou imperfeitamente.

Portanto, minha descrição será de uma neurose infantil que não foi analisada enquanto existiu, mas apenas quinze anos depois de seu fim. Tal situação tem suas vantagens e também seus inconvenientes, se a comparamos à outra. A análise que realizamos na própria criança neurótica parecerá em princípio mais confiável, mas não pode ser muito rica de conteúdo; é preciso emprestar à criança muitas palavras e pensamentos, e mesmo assim as camadas mais profundas serão talvez impenetráveis para a consciência. Na pessoa adulta e intelectualmente madura, a análise da doença infantil por meio da recordação está livre dessas restrições; mas deve-se considerar a distorção e retificação a que o próprio passado de alguém está sujeito, ao ser olhado retrospectivamente. Talvez o primeiro caso dê resultados mais convincentes, enquanto o segundo é bem mais instrutivo.

De todo modo, é lícito afirmar que as análises de neuroses infantis podem reivindicar um interesse teórico bastante elevado. Para o entendimento correto das neuroses dos adultos elas prestam contribuição comparável à dos sonhos infantis em relação aos dos adultos. Não que sejam mais fáceis de penetrar ou mais pobres em elementos, digamos; a dificuldade de empatia com a vida psíquica da criança faz delas um trabalho particularmente difícil para o médico. Mas nelas sobressai inconfundivelmente o essencial da neurose, pois muitas das sedimentações posteriores estão ausentes. Sabe-se que a resistência contra os resultados da psicanálise assumiu nova forma, na presente fase da luta em torno da psicanálise. Os críticos antes se contentavam em negar a realidade dos fatos defendidos pela análise, e para isso a melhor técnica era evitar comprová-los. Esse procedimento parece estar se esgotando aos poucos; agora seguem outro caminho, o de reconhecer os fatos, mas afastar por meio de reinterpretações as conclusões a que levam, de maneira que novamente se defendem das novidades chocantes. O estudo das neuroses infantis demonstra a total insuficiência dessas tentativas rasas ou violentas de reinterpretação. Mostra o papel predominante que têm na configuração da neurose as forças instintuais libidinais, tão ansiosamente negadas, e permite perceber a ausência de aspirações a objetivos culturais remotos, de que a criança nada sabe ainda e que, portanto, nada podem significar para ela.

Outra característica que realça o interesse da análise aqui narrada tem relação com a gravidade da doença e a duração do seu tratamento. As análises que em pouco tempo obtêm resultado favorável são valiosas para a autoestima do terapeuta e reveladoras da importância médica da psicanálise; para o avanço do conhecimento científico são geralmente sem valor. Não se aprende nada de novo com elas. Pois tiveram sucesso tão rápido porque já se sabia o que era necessário para a sua resolução. Algo de novo se ganha apenas com as análises que oferecem dificuldades especiais, cuja superação requer muito tempo. Somente nesses casos conseguimos descer às camadas mais fundas e primitivas do desenvolvimento psíquico, lá encontrando as soluções para os problemas das configurações posteriores. Dizemos então que, a rigor, somente a análise que vai tão longe merece este nome. Naturalmente um único caso não ensina tudo o que se gostaria de saber. Mais precisamente, ele poderia ensinar tudo, se estivéssemos em condição de tudo apreender e não fôssemos obrigados, pela imperícia de nossa percepção, a nos satisfazer com pouco.

No tocante a dificuldades férteis desse tipo, o caso que vou descrever nada deixa a desejar. Os primeiros anos do tratamento quase não produziram mudança. Entretanto, uma feliz constelação fez com que as circunstâncias externas tornassem possível a continuação da tentativa terapêutica. Posso bem imaginar que em condições menos favoráveis o tratamento teria sido abandonado após algum tempo. Quanto à perspectiva do médico, posso apenas dizer que em casos assim ele deve se comportar de maneira tão "atemporal" quanto o inconsciente mesmo, se quiser aprender e alcançar algo. E isso ele consegue, afinal, se puder renunciar a qualquer ambição terapêutica de vista curta. Em poucos casos pode-se esperar a medida de paciência, docilidade, compreensão e confiança que se requer do paciente e de seus familiares. Mas o analista tem o direito de achar que os resultados que obteve num certo caso, em trabalho tão demorado, ajudarão a encurtar substancialmente a duração de um tratamento posterior, de uma enfermidade igualmente severa, e, desse modo, a superar progressivamente a atemporalidade do inconsciente, após ter se sujeitado a ela uma primeira vez.

O paciente de que me ocupo permaneceu muito tempo entrincheirado, inatacável, detrás de uma postura de dócil indiferença. Ele escutava, entendia, e não permitia que nada se aproximasse. Sua impecável inteligência estava como que desconectada das forças instintivas que dominavam seu comportamento, nas poucas relações que lhe restavam na vida. Foi preciso uma longa educação para movê-lo a participar autonomamente do trabalho [analítico], e, quando em decorrência desse esforço vieram as primeiras liberações, ele imediatamente cessou o trabalho, a fim de evitar outras mudanças e manter-se comodamente na situação criada. Seu receio de uma existência autônoma era tão grande que sobrepujava todos os tormentos da doença. Para vencê-lo houve apenas um caminho. Tive de esperar até que a ligação à minha pessoa se tornasse forte o bastante para contrabalançá-lo, e então joguei este fator contra o outro. Determinei, não sem me orientar por bons indícios de oportunidade, que o tratamento tinha que findar num determinado prazo, não importando até onde tivesse chegado; prazo este que eu estava decidido a cumprir. O paciente acreditou afinal em minha seriedade. Sob a pressão inexorável desse limite de tempo, sua resistência, sua fixação na enfermidade cedeu, e num período relativamente curto a análise forneceu todo o material que possibilitou o levantamento das inibições e a eliminação dos sintomas. Desse último período do trabalho, em que a resistência desapareceu momentaneamente e o paciente deu a impressão de uma lucidez em geral obtida somente na hipnose, é que vêm todos os esclarecimentos que me permitiram a compreensão da sua neurose infantil.

Assim, o desenrolar desse tratamento ilustrou a tese, há muito consagrada na técnica psicanalítica, de que a extensão do caminho que a análise tem de percorrer com o paciente, e a abundância do material a ser dominado neste caminho, não contam em face da resistência que se encontra no decorrer do trabalho, e chegam a contar somente na medida em que são necessariamente proporcionais à resistência. É o mesmo que ocorre quando agora um exército inimigo requer semanas e meses para cruzar um trecho de terra que normalmente, em períodos de paz, é atravessado em algumas horas de trem, e que nosso exército havia percorrido pouco antes em alguns dias.

Uma terceira particularidade da análise aqui descrita dificultou ainda mais a decisão de apresentá-la. No conjunto, os seus resultados coincidiram satisfatoriamente com o nosso saber anterior, ou ajustaram-se bem a ele. Mas alguns detalhes são tão incríveis e notáveis, até para mim mesmo, que hesitei em pedir que outras pessoas acreditassem neles. Convidei o paciente a exercer a crítica mais severa de suas lembranças, mas ele nada achou de inverossímil no que dizia, e o manteve. Que os leitores estejam seguros, ao menos, de que apenas relato o que me apareceu como vivência independente, não influenciada por minha expectativa. Portanto, só me resta lembrar a sábia afirmação de que existem mais coisas entre o céu e a terra do que sonha a nossa vã filosofia. Quem fosse capaz de excluir ainda mais radicalmente as suas convicções prévias, poderia certamente descobrir mais coisas desse tipo.

2. Panorama do ambiente e da história clínica

Não posso escrever a história de meu paciente em termos puramente históricos nem puramente pragmáticos. Não posso oferecer uma história do tratamento nem da doença; vejo-me obrigado a combinar os dois modos de apresentação. Sabe-se que ainda não se achou um meio de transmitir no relato da análise, de alguma forma que seja, a convicção que dela resulta. Protocolos exaustivos do que acontece nas sessões de análise não serviriam para nada, certamente; e a técnica do tratamento já exclui sua confecção. Logo, análises como esta não são publicadas para despertar convicção nos que até agora exibiram descaso ou descrença. Esperamos apenas transmitir algo de novo aos pesquisadores que já adquiriram convicções por experiência própria com os doentes.

Começarei por retratar o mundo da criança, comunicando o que da história de sua infância pude saber naturalmente, que durante vários anos não se tornou mais claro nem mais completo.

Pais que haviam se casado jovens, levando ainda um casamento feliz, sobre o qual as doenças não demoram a lançar sombras, afecções abdominais da mãe e primeiros ataques de depressão do pai, que o fizeram se ausentar de casa. Apenas muito mais tarde, é natural, o paciente veio a compreender a doença do pai; o estado doentio da mãe, ele o conhece já nos primeiros anos da infância. Por causa disso, ela se ocupava relativamente pouco dos filhos. Um dia, certamente antes dos quatro anos, a mãe o conduzindo pela mão, ele a ouve lamentando-se ao médico, que ela acompanha na saída de casa, e grava suas palavras, para depois aplicá-las a si mesmo. Ele não é o único filho; antes dele há uma irmã, mais velha um ano ou dois, vivaz, dotada, precocemente travessa, que desempenharia papel importante em sua vida.

Uma babá cuida dele, pelo que se lembra; uma mulher inculta, do povo, de incansável ternura por ele. Para ela, é o substituto do próprio filho que morreu cedo. A família vive numa propriedade rural, mas passa o verão em outra. A cidade grande não está longe das duas. Há um corte na sua infância, quando os pais se desfazem dos bens e mudam para a cidade. Com frequência, parentes próximos passam temporadas numa ou noutra propriedade, irmãos do pai, irmãs da mãe com seus filhos, avós maternos. No verão, os pais costumam viajar por algumas semanas. Numa lembrança encobridora ele se vê, ao lado da babá, olhando a carruagem que leva o pai, a mãe e a irmã, e depois voltando calmamente para casa. Nessa época ele devia ser bem pequeno.[2] No verão seguinte, a

---

2 Tinha dois anos e meio. Quase todas as épocas puderam ser determinadas com certeza depois.

irmã permaneceu em casa e foi contratada uma governanta inglesa, que passou a cuidar das crianças.

Em anos posteriores contaram-lhe muitas coisas de sua
infância.[3] Boa parte delas ele já sabia, mas naturalmente
sem nexos temporais ou de conteúdo. Um desses relatos
transmitidos, que por ocasião de sua doença posterior foi
repetido para ele inúmeras vezes, nos faz conhecer o problema que procuraremos resolver. Ele teria sido primeiro uma
criança afável, dócil e mesmo tranquila, a ponto que costu-
mavam dizer que ele deveria ser a menina, e a irmã mais velha, o menino. Mas certa vez, ao voltarem os pais das férias
de verão, encontraram-no mudado. Tornara-se descontente,
irritadiço e violento, ofendia-se por qualquer motivo, e então se encolerizava e gritava como um selvagem, de modo
que os pais manifestaram a preocupação, quando esse estado persistiu, de que não seria possível enviá-lo para a escola
mais tarde. Era o verão em que estava com eles a governanta inglesa, que se revelou uma pessoa amalucada, intratável,
e além disso entregue à bebida. Logo, a mãe se inclinava a
estabelecer relação entre a mudança de caráter do menino e
a influência dessa inglesa, e supunha que ela o havia tratado
de maneira a irritá-lo. A avó perspicaz, que passara o verão
com os garotos, era de opinião que a irritabilidade do menino havia sido provocada pelas disputas entre a inglesa e a

3 Comunicações desse tipo podem ser utilizadas, via de regra,
como material absolutamente genuíno. Pareceria tentador preencher sem dificuldade as lacunas na recordação do paciente, por
meio de indagações aos familiares mais velhos; mas desaconse-
lho decididamente essa técnica. O que os parentes relatam, em
resposta às perguntas e solicitações, está sujeito a toda reserva
crítica que se possa levar em conta. Repetidamente lamentamos
nos termos tornado dependentes de tais informações, tendo com
isso perturbado a confiança na análise e colocado uma outra
instância acima dela. O que pode ser recordado vem à luz no
decorrer da análise.

babá. A inglesa havia muitas vezes chamado a babá de bruxa, obrigando-a a deixar o quarto; o pequeno havia abertamente tomado o partido de sua querida "Nânia" ["babá", em russo] e mostrado à governanta o seu ódio. Seja como for, a inglesa foi despedida logo após o retorno dos pais, sem que isso mudasse a natureza insuportável da criança.

A recordação desse tempo ruim permaneceu com o paciente. Ele acredita que fez a primeira das suas cenas num Natal, quando não foi presenteado duas vezes, como lhe era devido, pois o dia de Natal era também o de seu aniversário. Com suas exigências e suscetibilidades ele não poupava sequer a Nânia querida, e talvez a atormentasse ainda mais que aos outros. Mas essa fase da mudança de caráter está indissoluvelmente ligada, em sua lembrança, a muitas outras manifestações peculiares e doentias, que ele não consegue ordenar cronologicamente. Tudo o que agora será relatado, que não pode ter ocorrido no mesmo tempo e que tem muita contradição de conteúdo, ele joga num só período, aquele "ainda na primeira propriedade", como diz. Quando estava com cinco anos, acredita, eles haviam deixado essa propriedade. Ele também conta que sofreu de um medo, que sua irmã soube aproveitar para atormentá-lo. Havia um certo livro com imagens, uma das quais representava um lobo em pé, andando a passos largos. Ao ver essa imagem, ele começava a gritar como um louco, temendo que o lobo viesse comê-lo. Mas a irmã arranjava as coisas de modo que ele inevitavelmente encontrasse essa imagem, e deleitava-se com o seu pavor. Entretanto ele também temia outros bichos, grandes e pequenos. Certa vez correu atrás de uma borboleta bela e grande, com asas amarelas listradas que terminavam em ponta, a fim de apanhá-la. (Era talvez uma "cauda de andorinha".) De repente foi tomado de espantoso medo do bicho, e gritando interrompeu a perseguição. Também diante de besouros e lagartas ele sentia angústia e repugnância. Mas podia lembrar-se de que na mesma época havia atormentado besouros e seccionado lagartas; também cavalos eram inquietantes para ele. Quando batiam num cavalo ele gritava, e por isso teve que abandonar o circo uma vez. Em outras ocasiões, ele mesmo gostava de bater em cavalos. Sua lembrança não deixava claro se esses tipos opostos de comportamento ante os animais tiveram de fato vigência simultânea ou se haviam sucedido um ao outro, e neste caso em que sequência e quando. Tampouco podia ele dizer se a época ruim fora substituída por uma fase de doença ou se prosseguira ao longo desta. De todo modo, suas comunicações, apresentadas em seguida, justificaram a suposição de que no período da infância ele adoeceu de uma neurose obsessiva bem reconhecível. Contou que por um bom tempo havia sido muito devoto. Antes de dormir tinha que rezar longamente e perfazer uma série interminável de sinais da cruz. À noite costumava, subindo numa cadeira, dar a volta pelas imagens de santos nas paredes do quarto, beijando cada uma delas devotamente. Pouco combinava com este piedoso cerimonial — ou talvez muito, na verdade — o fato de ele se lembrar de pensamentos sacrílegos, que lhe vinham à mente como uma inspiração do Diabo. Ele tinha que pensar: Deus-porco, ou Deus-fezes. Certa vez, numa viagem a uma estação de águas alemã, viu-se atormentado pela compulsão de pensar na Santíssima Trindade, ao deparar com três montinhos de cocô de cavalo ou algum outro excremento na estrada. Por esse tempo ele cumpria também uma peculiar cerimônia, ao ver gente que lhe causava pena, como mendigos, aleijados e velhos. Ele tinha que expirar ruidosamente para não se tornar como eles, e em determinadas condições também inspirar com força. Inclinei-me naturalmente a supor que esses nítidos sintomas de uma neurose obsessiva eram de um período e grau de evolução um tanto posterior aos sinais de angústia e ações cruéis com os animais.

Os anos mais maduros do paciente foram marcados por uma relação bem insatisfatória com o pai, que após repetidos ataques de depressão não pôde ocultar os lados doentios de seu caráter. Na primeira infância esta relação havia sido bem terna, como testemunhava a lembrança do filho. O pai lhe queria bem, e gostava de brincar com ele. Desde pequeno sentia orgulho do pai, e falava sempre que gostaria de ser um homem como ele. A Nânia lhe havia dito que a irmã pertencia à mãe, e ele ao pai, o que muito lhe agradara. No final da infância passou a haver estranhamento entre ele e o pai. Este preferia claramente a irmã, e o filho se ofendeu bastante com isso. Depois o medo do pai se tornou dominante.

Por volta dos oito anos desapareceram todas as manifestações que o paciente atribui à fase da vida que teve início com o seu mau comportamento. Não desapareceram de repente — retornaram algumas vezes, terminando por ceder, acredita o doente, à influência dos professores e educadores que tomaram o lugar das mulheres que dele cuidavam. Estes são, num ligeiro esboço, os enigmas cuja solução é tarefa da análise: De onde procede a repentina mudança de caráter do menino, o que significavam suas fobias e suas perversidades, como adquiriu sua obsessiva piedade e como se relacionam todos esses fenômenos? Lembrarei mais uma vez que o nosso labor terapêutico dizia respeito a uma doença neurótica então recente, posterior, e que elucidações sobre tais problemas mais antigos puderam ocorrer quando o curso da análise se afastou do presente por um tempo, obrigando-nos a um desvio pela pré-história infantil.

3. A sedução e suas consequências imediatas

É natural que a suspeita caísse primeiramente sobre a governanta inglesa, pois o garoto havia mudado durante a sua estadia. Duas lembranças encobridoras relativas a ela, em si incompreensíveis, foram conservadas por ele. Certa vez em que andava na frente, ela havia dito aos que a seguiam: "Olhem só o meu rabinho!". Em outra ocasião, num passeio de carro, seu chapéu fora levado pelo vento, para grande alegria dos irmãos. Isso apontava para o complexo ligado à castração, e permitia talvez a construção segundo a qual uma ameaça que ela dirigira ao garoto havia contribuído bastante para a gênese de sua conduta anormal. Não há nenhum perigo em comunicar tais construções ao analisando, elas nunca prejudicam a análise quando são erradas, e é claro que as formulamos apenas quando há perspectiva de por meio delas alcançar uma aproximação à realidade. Como efeito dessa colocação, surgiram sonhos cuja interpretação não foi muito bem-sucedida, mas que pareciam lidar sempre com o mesmo conteúdo. Até onde se podia compreendê-los, diziam respeito a ações agressivas do garoto contra a irmã ou a governanta, e a enérgicas repreensões e castigos por isso. Como se... depois do banho... ele tivesse querido... desnudar a irmã... arrancar-lhe a vestimenta... ou véu, e coisas assim. Mas não foi possível obter da interpretação um conteúdo certo, e, quando se teve a impressão de que nesses sonhos o mesmo material era trabalhado de maneira sempre diversa, o entendimento dessas supostas reminiscências estava assegurado. Só podiam ser fantasias que em algum momento, provavelmente na puberdade, o sonhador tinha criado acerca de sua infância, e que agora emergiam de novo, em forma dificilmente reconhecível.

Sua compreensão ocorreu de uma só vez, quando repentinamente o paciente se lembrou de que, "ainda muito pequeno, na primeira propriedade", sua irmã o havia induzido a práticas sexuais. De início veio a lembrança de que no sanitário que usavam com frequência ela fez a proposta: "Vamos mostrar um ao outro o bumbum", e fez seguir o ato às palavras. Depois se apresentou a parte essencial da sedução, com todos os detalhes de tempo e lugar. Foi na primavera, num tempo em que o pai estava ausente; as crianças brincavam no chão, num aposento, enquanto a mãe trabalhava no cômodo vizinho. A irmã tinha segurado o seu membro e brincado com ele, dizendo coisas incompreensíveis sobre a Nânia, à maneira de explicação: que a Nânia fazia o mesmo com todo o mundo, com o jardineiro, por exemplo; que o colocava de cabeça para baixo e agarrava seus genitais.

Isso permitiu a compreensão das fantasias que havíamos conjecturado. Elas deviam apagar a lembrança de um acontecimento que mais tarde parecia ofender o amor-próprio masculino do paciente, e alcançavam esse fim ao substituir a verdade histórica pelo oposto desejável. Conforme essas fantasias, ele não tinha desempenhado o papel passivo diante da irmã, mas, pelo contrário, fora agressivo, quisera ver a irmã despida, fora rechaçado e castigado, e por isso tivera o acesso de fúria de que a tradição doméstica tanto falava. Era também adequado envolver nessa ficção a governanta, a quem a mãe e a avó atribuíram a maior parte da culpa por seus ataques de raiva. Tais fantasias correspondiam precisamente, então, às lendas com que uma nação que se tornou grande e orgulhosa procura ocultar a pequenez e a desdita de seu começo.

Na realidade a governanta só podia ter uma participação remota na sedução e nas suas consequências. As cenas com a irmã tiveram lugar na primavera do mesmo ano em que, nos meses de pleno verão, a inglesa veio substituir os pais ausentes. Foi de outra maneira que se originou a hostilidade do menino com a governanta. Ao insultar e xingar de bruxa a babá, ela seguia os passos da irmã, que havia contado primeiro aquelas coisas monstruosas da babá, e assim o deixava exteriorizar contra ela a aversão que, em consequência da sedução, como ainda veremos, ele tinha desenvolvido para com a irmã.

Mas a sedução pela irmã não era certamente uma fantasia. Sua credibilidade foi aumentada por uma comunicação jamais esquecida, da época madura posterior. Um primo, mais de dez anos mais velho, tinha lhe dito, numa conversa sobre a irmã, que se lembrava muito bem da criaturinha petulante e sensual que ela havia sido. Quando era uma menina de quatro ou cinco anos de idade, ela se sentou uma vez em seu colo e lhe abriu a calça, para pegar em seu membro.

Neste ponto gostaria de interromper a história da infância de meu paciente para falar dessa irmã, de seu desenvolvimento, seu destino e a influência que teve sobre o irmão. Ela era dois anos mais velha, e sempre permanecera à frente dele. Indomável como um garoto na infância, logo principiou um brilhante desenvolvimento intelectual, destacou-se pela inteligência aguda e realista, privilegiando as ciências naturais em seus estudos, mas produzindo também poemas que o pai estimava bastante. No tocante ao espírito era bem superior a seus numerosos pretendentes iniciais, e costumava gracejar deles. Mas aos vinte e poucos anos começou a ficar de humor deprimido, queixando-se de não ser muito bela e se afastando de todo convívio. Ao fazer uma viagem em companhia de uma senhora amiga, retornou contando coisas totalmente inverossímeis, que teria sido maltratada por essa acompanhante, mas permaneceu obviamente ligada à suposta atormentadora. Numa segunda viagem, pouco depois, envenenou-se e veio a morrer longe de casa. É provável que sua afecção correspondesse ao início de uma *dementia praecox*. Ela era prova da considerável herança neuropática da família, mas não certamente a única. Um tio, irmão do pai, morreu após uma longa e singular existência, com indícios que levam a pensar numa grave neurose obsessiva; um bom número de parentes colaterais foi acometido, e ainda é, de perturbações nervosas mais leves.

Para nosso paciente, a irmã era, na infância — sem considerar no momento a sedução —, uma incômoda rival na estima dos pais, cuja superioridade, demonstrada impiedosamente, ele sentia como algo opressivo. Invejava particularmente o respeito que o pai testemunhava pelas capacidades de seu espírito e as realizações intelectuais, enquanto ele, intelectualmente inibido desde a neurose obsessiva, tinha de se contentar com um prestígio menor. A partir dos catorze anos de idade, sua relação com a irmã começou a melhorar; uma disposição similar de espírito e a oposição comum aos pais os aproximaram tanto que eles se tratavam como excelentes amigos. Na tempestuosa excitação sexual de sua puberdade, ele ousou buscar uma maior intimidade física junto a ela. Ao ser rejeitado, de maneira hábil e decidida, voltou-se para uma menina camponesa que servia na casa e que tinha o mesmo nome de sua irmã. Assim fazendo, deu um passo decisivo para a sua escolha heterossexual de objeto, pois todas as garotas por que mais tarde se apaixonou, frequentemente com os mais claros indícios de obsessão, eram também criadas, cuja educação e inteligência tinham que estar bem abaixo das suas. Se todos esses objetos amorosos eram substitutos para a irmã que lhe foi negada, não é de rejeitar que uma tendência ao rebaixamento da irmã, à abolição de sua superioridade intelectual, que um dia o oprimira tanto, tenha sido decisiva na sua escolha de objeto.

Foi a motivos dessa espécie, que se originam da vontade de poder, do instinto de afirmação do indivíduo, que Alfred Adler subordinou a conduta sexual do ser humano, como tudo o mais. Sem negar a vigência de tais motivos de poder e privilégio, nunca me convenci de que eles pudessem ter o papel dominante e exclusivo que lhes é atribuído. Se não tivesse conduzido a análise de meu paciente até o fim, eu me veria obrigado, pela observação desse caso, a corrigir no sentido de Adler a minha opinião preconcebida. Inesperadamente, a conclusão dessa análise trouxe um novo material, no qual novamente se mostrou que esses motivos de poder (em nosso caso a tendência ao rebaixamento) haviam determinado a escolha de objeto apenas no sentido de uma contribuição e racionalização, ao passo que a determinação verdadeira, mais profunda, me permitia conservar as convicções anteriores.[4]

4 Ver adiante, página 96.

Quando chegou a notícia da morte da irmã, disse o paciente, ele mal sentiu dor. Obrigou-se a dar mostras de luto e pôde se alegrar, com toda a frieza, por ter se tornado o único herdeiro da fortuna. Havia vários anos sofria da sua doença, quando sucedeu aquilo. Confesso que por um bom período essa informação me fez inseguro no diagnóstico do caso. Era de supor, não há dúvida, que a dor referente à perda do mais querido membro de sua família teria a expressão inibida pelo ciúme ainda existente em relação a ela, e pela intervenção de seu amor incestuoso, que se tornara inconsciente; mas eu não conseguia renunciar a um substituto para a irrupção de dor que não acontecera. E ele foi encontrado finalmente numa outra expressão de sentimento, que para meu paciente continuava incompreensível. Poucos meses após a morte da irmã ele fez uma viagem à região em que ela havia morrido, e lá procurou o túmulo de um grande escritor que era então seu ideal, chorando lágrimas ardentes sobre esse túmulo. Foi uma reação estranha também para ele, pois sabia que mais de duas gerações haviam passado desde a morte do venerado escritor. Só a compreendeu ao se lembrar que seu pai costumava comparar os poemas da irmã falecida aos do grande poeta. Ele me havia dado uma outra indicação do modo correto de apreender essa homenagem, aparentemente dirigida ao poeta, graças a um erro no seu relato, que pude destacar então. Antes ele tinha informado, repetidamente, que a irmã se suicidara com um tiro, e teve de fazer a correção de que ela de fato havia se envenenado. Mas o poeta foi morto num duelo com pistolas.

Agora volto à história do irmão, que devo expor de maneira pragmática por um certo trecho. Verificou-se que a idade do menino, à época em que a irmã principiou as manobras sedutoras, era de três anos e três meses. Isso ocorreu, como já disse, na primavera do mesmo ano em que os pais, ao regressar no outono, o encontraram profundamente mudado. É natural estabelecer um nexo entre essa mudança e o despertar de sua atividade sexual, havido nesse meio-tempo.

Como reagiu o garoto às tentações da irmã mais velha? A resposta é: com a recusa, mas ela era relativa à pessoa, não à coisa. A irmã não lhe era agradável como objeto sexual, provavelmente porque a relação entre os dois já era determinada de modo hostil pela competição no amor dos pais. Ele a evitava, e as solicitações dela também cessaram. Mas ele buscou conquistar, no lugar dela, outra pessoa mais querida, e informações da própria irmã, que invocara a Nânia como modelo, orientaram sua escolha para esta. Ele começou então a brincar com seu membro diante da Nânia, o que, como em muitos outros casos em que a criança não esconde o onanismo, deve ser apreendido como tentativa de sedução. A Nânia o decepcionou, fez uma cara séria e explicou que aquilo não era bom. As crianças que faziam aquilo ficavam com uma "ferida" no lugar.

O efeito dessa comunicação, que equivaleu a uma ameaça, deve ser acompanhado em várias direções. A dependência do menino em face da Nânia foi relaxada. Ele pode ter se aborrecido com ela; mais tarde, quando se estabeleceram seus ataques de fúria, verificou-se que estava realmente zangado com ela. Mas era característico dele defender primeiramente com obstinação, diante de algo novo, toda posição libidinal que devia abandonar. Quando a governanta surgiu em cena e xingou e expulsou do aposento a Nânia, tentando destruir sua autoridade, ele exagerou seu amor à insultada e assumiu um comportamento brusco e desafiador perante a governanta agressora. No entanto, ele começou a buscar em segredo um outro objeto sexual. A sedução lhe havia dado a meta sexual passiva de ser tocado nos genitais; veremos de quem ele pretendia obter isso, e que caminhos o levaram a essa escolha.

Corresponde inteiramente às nossas expectativas saber que com suas primeiras excitações genitais teve início a sua pesquisa sexual, e que logo ele deparou com o problema da castração. Nessa época ele pôde observar duas garotas urinando, sua irmã e uma amiga dela. Com sua perspicácia, tal visão já poderia levá-lo a compreender os fatos, mas ele se comportou como sabemos que fazem outros meninos. Rejeitou a ideia de que via confirmada a ferida com que a Nânia o ameaçara, e deu a si mesmo a explicação de que aquilo era "o bumbum da frente" das meninas. O tema da castração não estava eliminado com essa decisão; em tudo o que ouvia, encontrava novas alusões a ele. Certa vez, quando as crianças receberam bastões de açúcar coloridos, a governanta, que era dada a fantasias cruas, afirmou que eram pedaços de serpentes cortadas. A partir disso ele se lembrou que o pai tinha encontrado uma serpente durante um passeio, e a tinha feito em pedaços com sua bengala. E leram-lhe a história (em *Renart, a raposa*) do lobo que quis pescar peixes no inverno e usou a cauda como isca, o que fez a cauda se partir no gelo. Ele aprendeu os diversos nomes com que se designam os cavalos, conforme seu sexo esteja ou não intacto. Portanto, o pensamento da castração o ocupava, mas ele ainda não lhe dava crédito, nem sentia medo. Outros problemas sexuais lhe surgiram dos contos que naquele tempo conheceu. No "Chapeuzinho Vermelho" e nos "Sete cabritinhos" as crianças eram tiradas da barriga do lobo. Então o lobo era um ser feminino, ou os homens podiam também ter crianças no corpo? Naquele momento isso ainda não estava decidido. Fora isso, na época dessa investigação ele ainda não sentia medo do lobo.

Uma comunicação do paciente nos abrirá o caminho para compreender a mudança de caráter que se evidenciou durante a ausência dos pais, em conexão mais remota com a sedução. Ele conta que deixou de se masturbar logo após a recusa e a ameaça da Nânia. *Sua vida sexual, que começava regida pela zona genital, sucumbiu então a uma inibição exterior, e por influência desta foi remetida de volta a uma fase anterior, de organização pré-genital.* Em consequência da supressão do onanismo, a vida sexual do garoto assumiu caráter sádico-anal. Ele se tornou irritadiço, atormentador, satisfazendo-se dessa maneira junto às pessoas e aos animais. Seu principal objeto era a querida Nânia, que ele sabia mortificar até lhe arrancar lágrimas. Assim ele se vingava nela pela rejeição sofrida, e ao mesmo tempo satisfazia seu desejo sexual na forma correspondente à fase regressiva. Ele começou a praticar crueldades com pequenos animais, a pegar moscas, para lhes arrancar as asas, a esmagar besouros com os pés; em sua fantasia ele gostava também de bater em animais grandes, como cavalos. Portanto, eram sempre ocupações ativas, sádicas; de seus impulsos anais trataremos depois, num outro contexto.

É de grande valor que na lembrança do paciente emergissem também fantasias contemporâneas de outro tipo, em que meninos eram castigados e espancados, recebiam pancadas especialmente no pênis; e é fácil adivinhar para quem esses objetos anônimos serviam de bode expiatório, a partir de outras fantasias que pintavam o herdeiro do trono sendo trancado num quarto estreito e espancado. O herdeiro do trono era evidentemente ele mesmo; o sadismo havia se voltado na fantasia para a própria pessoa, e se convertera em masoquismo. O detalhe de que o órgão sexual mesmo recebe o castigo permite a conclusão de que nessa transformação já participava uma consciência de culpa, referente ao onanismo.

Na análise não restou dúvida de que essas tendências passivas tinham aparecido ao mesmo tempo ou logo depois das sádico-ativas.[5] Isso condiz com a insolitamente clara, intensa e duradoura *ambivalência* do doente, que aqui se mostrou pela primeira vez no desenvolvimento uniforme dos pares de instintos parciais opostos. Esse

---

5 Por tendências passivas entendo as de meta sexual passiva; dizendo isso, tenho em vista não uma mudança do instinto, mas apenas da meta.

comportamento permaneceu característico dele também depois, assim como um outro traço, o de que nenhuma das posições instituídas da libido foi totalmente cancelada por outra posterior. Ela continuava a existir ao lado de todas as demais, o que permitiu a ele uma oscilação constante, incompatível com a aquisição de um caráter fixo.

As tendências masoquistas do menino nos conduzem a outro ponto, que até agora evitei mencionar, porque só pode ser confirmado pela análise da fase seguinte de sua evolução. Já mencionei que, após a rejeição pela Nânia, ele desprendeu dela sua expectativa libidinosa e passou a ver uma outra pessoa como objeto sexual. Essa pessoa era o pai, que estava ausente. A essa escolha ele foi certamente levado por uma conjunção de fatores, inclusive fortuitos, como a recordação do despedaçamento da cobra; mas sobretudo ele renovou assim a sua primeira e mais primordial eleição de objeto, que, em conformidade com o narcisismo do bebê, tinha se realizado pela via da identificação. Já ouvimos que o pai fora o seu modelo admirado, que, ao lhe perguntarem o que pretendia ser, ele costumava responder: "um homem como meu pai". Esse objeto de identificação da sua corrente ativa tornou-se então o objeto sexual de uma corrente passiva, na fase sádico-anal. A impressão é de que a sedução pela irmã o teria empurrado para o papel passivo e lhe dado uma meta sexual passiva. Sob a influência contínua dessa experiência, ele descreveu o caminho desde a irmã, através da Nânia, até o pai, da postura passiva diante da mulher à mesma perante o homem, e nisso estabeleceu contato com sua fase primeira e espontânea de desenvolvimento. O pai era agora novamente seu objeto, a identificação era substituída pela escolha de objeto, correspondendo ao desenvolvimento mais elevado, e a transformação da postura ativa em passiva era resultado e indício da sedução que entretanto ocorrera. Naturalmente não teria sido fácil manter uma postura ativa diante do pai poderoso, na fase sádica. Quando o pai voltou, no final do verão ou no outono, seus acessos de fúria e cenas raivosas tiveram nova função. Diante da Nânia serviam a finalidades sádico-ativas; diante do pai seguiam propósitos masoquistas. Exibindo sua ruindade ele queria receber castigo e pancadas do pai, obtendo assim dele a desejada satisfação masoquista. Seus gritos eram verdadeiras tentativas de sedução. E, de acordo com a motivação do masoquismo, nesses castigos ele encontrava também a satisfação de seu sentimento de culpa. Ele conservou a lembrança de como, numa dessas cenas malcriadas, aumentou os gritos quando o pai se dirigiu a ele. O pai não o surrou, porém, e buscou acalmá-lo, brincando com as almofadas de sua caminha como se fossem bolas.

Não sei com que frequência os pais e educadores, ante a inexplicável ruindade da criança, teriam ocasião de lembrar-se dessa típica relação. A criança que se comporta de maneira intratável está fazendo uma confissão e provocando um castigo. Ela procura, com a punição, ao mesmo tempo apaziguar sua consciência de culpa e satisfazer sua tendência sexual masoquista.

Um maior esclarecimento de nosso caso devemos agora à recordação, surgida com grande nitidez, de que os sintomas de angústia só teriam se juntado aos sinais de mudança de caráter a partir de determinado evento. Antes não haveria angústia, e imediatamente após o evento ela teria se manifestado de forma atormentadora. O momento dessa transformação pode ser indicado com certeza, foi logo antes de ele completar quatro anos. Em virtude desse ponto de referência, o período da infância de que propusemos nos ocupar se divide em duas fases: a primeira, de ruindade e perversidade, da sedução aos três anos e três meses até o aniversário de quatro anos, e a segunda, subsequente e mais demorada, em que predominam os sinais da neurose. Mas o evento que permite essa divisão não foi um trauma exterior, e sim um sonho, do qual ele despertou com angústia.

4. O sonho e a cena primária

Já publiquei este sonho em outro lugar,[6] devido a seu teor de contos de fadas, e primeiramente repetirei o que foi ali comunicado:

> Sonhei que era noite e que estava deitado em minha cama (ela ficava com os pés para a janela, diante da janela havia uma fileira de velhas nogueiras. Sei que era inverno quando sonhei, e era noite). De repente, a janela se abriu sozinha e eu vi, com grande pavor, que alguns lobos brancos estavam sentados na grande nogueira que havia diante da janela. Eram seis ou sete. Os lobos eram inteiramente brancos e pareciam antes raposas ou cães pastores, pois tinham caudas grandes como as raposas e suas orelhas estavam em pé como as dos cães, quando prestam atenção a algo. Com muito medo — de ser devorado pelos lobos, certamente —, gritei e acordei. Minha babá correu até minha cama, para ver o que tinha acontecido. Demorou algum tempo até eu me convencer de que tinha sido apenas um sonho, tão nítida e tão natural me pareceu a imagem da janela se abrindo e os lobos sentados na árvore. Finalmente me tranquilizei, me senti como tendo escapado de um perigo, e tornei a dormir.
>
> A única ação do sonho era a abertura da janela, pois os lobos estavam sentados bem quietos nos galhos da árvore, sem nenhum movimento, à direita e à esquerda do tronco, e olhavam para mim. Era como se dirigissem para mim toda a sua atenção. Acho que este foi meu primeiro sonho angustiado. Na época eu tinha três,

6 "Sonhos com material de contos de fadas" [1913].

quatro, no máximo cinco anos de idade. Desde então, e até os onze ou doze anos, sempre tive medo de ver algo terrível nos sonhos.

Ele dá então um desenho da árvore com os lobos, que confirma sua descrição [figura abaixo]. A análise do sonho traz o seguinte material à luz.

Ele sempre ligou esse sonho à recordação de que nesses anos da infância tinha um medo enorme da figura de um lobo num livro de fadas. A irmã, mais velha e sempre superior, costumava zombar dele, mostrando-lhe justamente essa imagem por qualquer pretexto, ao que ele começava a gritar de pavor. Nessa figura o lobo estava erguido, com uma pata à frente, as garras à mostra e as orelhas alertas. Ele acha que essa imagem serviu de ilustração à história do Chapeuzinho Vermelho.

Por que os lobos são brancos? Isto o faz pensar nas ovelhas, das quais se mantinham grandes rebanhos nos arredores da casa. Ocasionalmente o pai o levava para ver esses rebanhos, e toda vez ele ficava orgulhoso e contente. Mais tarde — provavelmente pouco antes da época do sonho, segundo informações obtidas —, uma peste irrompeu nesses rebanhos. O pai mandou buscar um discípulo de Pasteur, que vacinou as ovelhas, mas elas morreram em número ainda maior depois da vacinação.

Como podem os lobos estar na árvore? Acerca disso lhe ocorre uma história que o avô tinha contado. Não consegue se lembrar se antes ou depois do sonho, mas o conteúdo indica que foi antes. A história é a seguinte: Um alfaiate está sentado, trabalhando, quando se abre a janela e um lobo pula para dentro da sala. O alfaiate bate nele com sua vara de medida — não, corrige-se o paciente, agarra-o pela cauda e a arranca, de modo que o lobo foge apavorado. Algum tempo depois o alfaiate vai à floresta e vê de repente um bando de lobos que se aproxima; então busca refúgio numa árvore. Primeiro os lobos ficam sem ação, mas aquele mutilado, que está entre eles e quer se vingar do alfaiate, faz a sugestão de que um suba no outro, até que o último alcance o alfaiate. Ele mesmo — é velho e robusto — quer ser a base da pirâmide. Os lobos fazem assim, mas o alfaiate reconhece o visitante castigado, e de repente grita, como antes: "Pega o grisalho pelo rabo!". O lobo sem rabo se apavora com a lembrança e corre, e os outros caem no chão.

Nesse conto se acha a árvore em que os lobos estão sentados no sonho. Mas ele contém, igualmente, uma inequívoca referência ao complexo da castração. O lobo *velho* foi privado de sua cauda pelo alfaiate. Nos lobos do sonho, as caudas de raposa são talvez compensações para essa ausência de cauda.

Por que são seis ou sete lobos? Essa pergunta parecia não ter resposta, até que lancei a dúvida de que sua imagem angustiante viesse de fato do "Chapeuzinho Vermelho". Essa história dá ocasião para duas ilustrações apenas, o encontro do Chapeuzinho Vermelho com o lobo na floresta e a cena em que o lobo fica deitado na cama com a touca da vovó. Tinha de haver um outro conto por trás da recordação da imagem. Então ele achou que só podia ser a história do "Lobo e os sete cabritinhos". Nela se encontra o número sete, mas também o seis, pois o lobo come somente seis cabritos; o sétimo se esconde na caixa do relógio. Também o branco surge nessa história, pois o lobo faz o padeiro embranquecer sua pata, depois que os cabritinhos o haviam reconhecido pela pata cinzenta, na sua primeira visita. Aliás, os dois contos têm muito em comum. Em ambos há a devoração, o corte da barriga, a retirada dos que foram devorados e sua substituição por pedras, e por fim a morte do lobo mau. No conto dos cabritinhos há também a árvore. Depois da refeição o lobo se deita sob uma árvore e dorme roncando.

Ainda me ocuparei deste sonho em outra parte, devido a uma circunstância particular, e então poderei interpretá-lo e apreciá-lo mais demoradamente. É o primeiro sonho angustiado que ele recordou da infância, e seu conteúdo, tomado com outros sonhos que seguiram e com certos acontecimentos da infância do sonhador, desperta um interesse bem particular. Aqui nos limitamos à relação entre o sonho e duas histórias que têm muito em comum, o "Chapeuzinho Vermelho" e "O lobo e os sete cabritinhos". A impressão que esses contos produziram no menino se exteriorizou numa autêntica zoofobia, que se distingue de casos semelhantes apenas pelo fato de que o bicho angustiante não era um objeto de fácil percepção pelos sentidos (como um cavalo ou um cachorro), mas conhecido somente de narrativas e livros ilustrados.

Num outro momento discutirei que explicação têm essas zoofobias e que significação lhes atribuir. De antemão observo apenas que essa explicação condiz bastante com o caráter principal exibido pela neurose do sonhador em épocas posteriores de sua vida. O medo do pai fora o mais forte motivo de seu adoecimento, e a postura ambivalente para com todo substituto do pai dominou sua vida e sua conduta durante o tratamento.

Se o lobo era apenas o primeiro substituto do pai para meu paciente, deve-se perguntar se as histórias do lobo que devora os cabritinhos e do Chapeuzinho Vermelho têm outro conteúdo secreto que não o medo infantil do pai.[7] Além disso, o pai de meu paciente tinha a peculiaridade do "insulto afetuoso", que tantas pessoas demonstram no convívio com os filhos, e a ameaça brincalhona que diz "vou te comer" pode ter sido expressa várias vezes, no período inicial em que o pai, que depois se tornou severo, costumava acariciar e brincar com o filhinho. Uma de minhas pacientes contou que os seus dois filhos nunca puderam gostar do avô, porque ele costumava apavorá-los com a brincadeira afetuosa de que iria cortar a barriga deles.

Deixemos de lado agora o que neste ensaio antecipa o aproveitamento do sonho, e voltemo-nos para a sua interpretação imediata. Quero observar que essa interpretação foi uma tarefa cuja solução se estendeu por vários anos. O paciente relatou o sonho bem cedo, e logo partilhou minha convicção de que por trás dele se escondiam as causas de sua neurose infantil. No decorrer do tratamento retornamos ao sonho com frequência, mas apenas nos últimos meses da terapia foi possível compreendê-lo inteiramente, e isso graças ao trabalho espontâneo do paciente. Ele sempre enfatizou que dois fatores do sonho tinham deixado a maior impressão sobre ele: pri-

7 Cf. a semelhança entre esses dois contos de fadas e o mito de Cronos, destacada por O. Rank ("Völkerpsychologische Parallelen zu den infantilen Sexualtheorien" [Paralelos etnopsicológicos às teorias sexuais infantis], *Zentralblatt für Psychoanalyse*, v. 2, p. 8).

meiramente a completa calma e imobilidade dos lobos, e em segundo lugar a atenção tensa com que todos eles o olhavam. Também lhe parecia digna de nota a persistente sensação de realidade no final do sonho.

Vejamos esse último ponto. Sabemos, da experiência ao interpretar sonhos, que esta sensação de realidade tem uma significação determinada. Ela nos garante que algo, no material latente do sonho, reivindica realidade na lembrança, isto é, que o sonho se refere a um acontecimento que realmente ocorreu, não foi apenas fantasiado. Naturalmente pode se tratar apenas da realidade de algo desconhecido; a convicção, por exemplo, de que seu avô realmente contara a história do lobo e do alfaiate, ou de que realmente lhe haviam lido as histórias do Chapeuzinho Vermelho e dos sete cabritinhos, não poderia jamais ser substituída por essa sensação de realidade que perdurou após o sonho. O sonho parecia apontar para um acontecimento cuja realidade é acentuada em oposição à irrealidade dos contos.

Se por trás do conteúdo do sonho era de supor uma cena desconhecida, isto é, já esquecida à época do sonho, ela devia ter ocorrido muito cedo. Pois o sonhador diz: "Quando tive o sonho, eu tinha três, quatro, no máximo cinco anos de idade". Ao que podemos acrescentar: e foi lembrado, pelo sonho, de algo que só podia pertencer a uma época ainda anterior.

O que tinha de levar ao conteúdo dessa cena eram os fatores que o sonhador havia destacado no conteúdo manifesto do sonho: o olhar atento e a imobilidade. Naturalmente é de esperar que esse material reproduza o material desconhecido da cena com alguma deformação, talvez deformado até em seu oposto.

Da matéria bruta fornecida pela primeira análise do paciente podiam-se tirar várias conclusões, que deviam ser encaixadas no contexto procurado. Por trás da menção à criação de ovelhas deviam se buscar as provas de sua pesquisa sexual, cujos interesses ele podia satisfazer em suas visitas com o pai, mas também alusões ao medo da morte haviam de estar presentes, pois a maior parte das ovelhas tinha morrido na peste. O que era mais premente no sonho, os lobos na árvore, conduzia diretamente à narrativa do avô, na qual não podia haver algo mais atraente e estimulador do sonho do que a ligação com o tema da castração.

Da primeira análise incompleta do sonho também concluímos que o lobo era um substituto do pai, de modo que esse primeiro sonho angustiante teria trazido à luz aquele medo do pai que a partir de então dominaria sua vida. No entanto, essa conclusão mesma não era obrigatória. Mas se reunirmos, como resultado da análise provisória, o que decorre do material fornecido pelo sonhador, disporemos talvez dos seguintes fragmentos para reconstrução:

Um acontecimento real — de uma época bem antiga — olhar — imobilidade — problemas sexuais — castração — o pai — algo terrível.

Um dia o paciente se pôs a continuar a interpretação do sonho. Segundo ele, a parte do sonho que diz "de repente a janela se abre sozinha" não é inteiramente esclarecida pela relação com a janela junto à qual está sentado o alfaiate e através da qual o lobo entra na sala. "Deve ter a seguinte significação: 'de repente os olhos se abrem'. Ou seja, eu estou dormindo e acordo de repente, e nisso vejo algo: a árvore com os lobos." Nisso não havia o que objetar, mas podia ser mais aproveitado. Ele tinha acordado e havia algo para ver. A observação atenta, que no sonho é atribuída aos lobos, deve ser deslocada para ele. Num ponto decisivo tivera lugar uma inversão, que além disso é indicada por outra inversão no conteúdo manifesto do sonho. Pois havia uma inversão no fato de os lobos sentarem na árvore, enquanto na história do avô se achavam embaixo, e não conseguiam trepar na árvore.

E se o outro elemento enfatizado pelo sonhador fosse também deformado por uma inversão ou transposição? Então, em vez de imobilidade (os lobos estão sentados quietos, olham para ele, mas não se mexem) seria: o mais forte movimento. Ou seja, ele acordou de repente e viu uma cena de forte movimentação à sua frente, a qual olhou tenso e com atenção. Num caso a deformação consistiria na troca de sujeito e objeto, atividade e passividade, ser olhado em vez de olhar; no outro caso numa transformação no contrário: repouso em vez de movimento.

Mais um progresso na compreensão do sonho foi trazido, em outra ocasião, por este pensamento que emergiu de repente: a árvore é a árvore-de-natal. Naquele instante ele soube que tivera o sonho pouco antes do Natal, na expectativa deste. Como o dia de Natal também era o seu dia de nascimento, pôde-se estabelecer com segurança a época do sonho e da transformação dele decorrente. Foi logo antes de seu quarto aniversário. Ele tinha adormecido na tensa expectativa do dia em que iria ganhar dois presentes. Sabemos que em tais circunstâncias a criança antecipa com facilidade a realização dos desejos no sonho. Então já era Natal no sonho, o conteúdo do sonho mostrava a distribuição dos brindes, da árvore pendiam os presentes a ele destinados. Mas em vez de presentes havia... lobos, e o sonho findava com ele sentindo medo de ser devorado pelo lobo (provavelmente pelo pai) e buscando refúgio com a babá. O conhecimento de sua evolução sexual antes do sonho nos torna possível preencher a lacuna do sonho e esclarecer a mudança da satisfação em medo. Entre os desejos formadores do sonho, deve ter sido estimulado o mais forte, o da satisfação sexual, que ele ansiava então obter do pai. A força desse desejo conseguiu refrescar a pista mnemônica, há muito esquecida, de uma cena que lhe podia mostrar como era a satisfação sexual com o pai, e o resultado foi pavor, horror ante a realização desse desejo, repressão do impulso que se apresentara por esse desejo, e por isso fuga do pai, em direção à babá não tão perigosa.

A importância dessa data de Natal fora conservada na pretendida lembrança de que o primeiro acesso de fúria se deu porque ele havia ficado insatisfeito com os presentes de Natal. A recordação juntava o que era correto e falso, ela não podia estar certa sem alguma alteração, pois conforme repetidas afirmações dos pais a sua má conduta já chamava a atenção após o retorno deles no outono, não somente no Natal; mas o essencial da relação entre falta de amor satisfeito, fúria e época de Natal fora preservado na recordação.

Mas que imagem a ação noturna desse anseio sexual podia ter conjurado, capaz de provocar horror tão intenso da satisfação desejada? Segundo o material da análise, essa imagem tinha de preencher uma condição, tinha de ser adequada para fundamentar a convicção da existência da castração. O medo da castração tornou-se então o motor da transformação do afeto.

Neste ponto vejo-me obrigado a abandonar o apoio fornecido pelo curso da análise. Receio que também neste ponto a crença do leitor me abandone.

O que naquela noite foi ativado, a partir do caos de pistas mnemônicas inconscientes, foi a imagem de um coito entre os pais, em circunstâncias não muito comuns e bastante propícias à observação. Aos poucos foi possível obter respostas satisfatórias para todas as questões ligadas a essa cena, pois no decorrer da terapia o sonho se repetiu em inúmeras variantes e reedições, às quais a análise forneceu os esclarecimentos que se desejava. Primeiro se revelou a idade da criança no momento da observação, cerca de um ano e meio.[8] Nesse tempo ele sofria de malária, e um ataque da doença se repetia diariamente em determinada hora.[9] A partir dos dez anos ele ficou perio-

---

8 Também a idade de seis meses poderia ser considerada, com menor probabilidade, porém, e dificilmente defensável.
9 Cf. as posteriores transformações deste fator na neurose obsessiva. Nos sonhos tidos durante a terapia, substituição por um vento forte (*aria* = ar).

dicamente sujeito a depressões, que começavam à tarde e atingiam o apogeu às cinco horas. Esse sintoma ainda existia no tempo da análise. A depressão recorrente substituiu os acessos de febre ou abatimento de antes; as cinco horas eram o momento do auge da febre ou da observação do coito, se é que os dois não coincidem.[10] Devido justamente a essa enfermidade, ele se achava provavelmente no quarto dos pais. Essa doença, corroborada também pela tradição familiar, torna plausível transferir o evento para o verão, e assim supor para ele, nascido no dia de Natal, a idade de n + um ano e meio. Ele então dormia em sua caminha, no quarto dos pais, e acordou à tarde, digamos que devido à febre montante, às cinco horas talvez, a hora depois marcada pela depressão. Combina com nossa suposição de um dia quente de verão em que os pais tenham se retirado, semidespidos, para uma sesta vespertina. Quando ele acordou, foi testemunha de um coito *a tergo* [por trás] repetido três vezes,[11] pôde ver os genitais da mãe e o membro do pai, e compreendeu tanto o fato como a sua significação.[12] Por fim, ele perturbou a relação dos pais, de uma maneira que será discutida depois.

No fundo não é nada extraordinário, nada que dê a impressão de um produto extravagante da fantasia, o

---

10 Relacionemos isso com o fato de que o paciente desenhou somente cinco lobos, embora o texto do sonho fale de seis ou sete.

11 Por que três vezes? Certo dia ele afirmou, subitamente, que eu chegara a esse detalhe por interpretação. Isso não procedia. Foi um pensamento surgido espontaneamente, que se subtrai à crítica posterior, e que ele imputou a mim, como era seu costume, e mediante essa projeção tornou digno de crédito.

12 Quero dizer que ele o compreendeu à época do sonho, aos quatro anos, não à época da observação. Com um ano e meio ele recolheu impressões cuja compreensão posterior lhe foi possibilitada na época do sonho por seu desenvolvimento, sua excitação sexual e sua pesquisa sexual.

fato de um casal jovem, casado apenas há alguns anos, ter uma relação amorosa depois da sesta vespertina, num dia quente de verão, nisso esquecendo do menino de um ano e meio que dorme em seu pequeno leito. Parece-me, isto sim, algo inteiramente banal, cotidiano, e mesmo a posição do coito que inferimos não pode mudar esse julgamento. Sobretudo por não resultar da evidência que o coito tenha se realizado por trás a cada vez. Uma só vez já bastaria para dar ao espectador a oportunidade para observações que numa outra posição dos amantes seriam dificultadas ou impedidas. Logo, o conteúdo desta cena não pode ser argumento contra a sua credibilidade. A objeção da improbabilidade será dirigida a três outros pontos: a que uma criança na tenra idade de um ano e meio seja capaz de acolher as percepções de um evento tão complicado e conservá-las tão fielmente em seu inconsciente; a que seja possível que uma elaboração das impressões assim recebidas chegue posteriormente à compreensão, aos quatro anos de idade; por fim, a que se consiga mediante algum procedimento tornar consciente, de forma coesa e convincente, os detalhes de uma tal cena, vivenciada e compreendida em tais circunstâncias.[13]

Mais adiante examinarei cuidadosamente essas e outras objeções; asseguro ao leitor que não me coloco menos criticamente que ele ante a hipótese de uma tal observação por parte da criança, e peço a ele que se junte

---

13 A primeira dessas dificuldades não pode ser diminuída pela suposição de que na época da observação a criança seria provavelmente um ano mais velha, ou seja, teria dois anos e meio, idade em que poderia perfeitamente ser capaz de falar. No caso de meu paciente, esse deslocamento de datas estava praticamente excluído pelas circunstâncias menores. Considere-se, além disso, que não é nada raro que tais cenas de observação do coito dos pais sejam descobertas na análise.

O HOMEM DOS LOBOS

a mim na decisão de crer provisoriamente na realidade desta cena. De imediato vamos prosseguir com o estudo das relações desta "cena primária" com o sonho, os sintomas e a biografia do paciente. Vamos acompanhar separadamente os efeitos resultantes do conteúdo essencial da cena e de uma de suas impressões visuais.

Refiro-me às posições que ele viu os pais adotarem, a posição erguida do homem e a curvada, como os animais, da mulher. Já ouvimos antes que no seu período de angústia a irmã tinha o costume de apavorá-lo com a imagem do livro de fadas em que um lobo era mostrado erguido, com um pé à frente, as garras à mostra e as orelhas alertas. Durante o tratamento ele não se poupou o trabalho de esquadrinhar sebos de livros até encontrar o volume de histórias de sua infância, e reconheceu sua imagem apavorante numa ilustração da história do "Lobo e os sete cabritinhos". Achou que a posição do lobo nessa ilustração podia lhe ter lembrado a do pai na cena primária construída. Essa imagem veio a ser, de todo modo, o ponto de partida de outros efeitos angustiantes. Aos sete ou oito anos, quando recebeu a comunicação de que no dia seguinte chegaria um novo professor para ele, sonhou à noite com esse professor em forma de leão, que rugindo se aproximava de sua cama, na mesma posição do lobo daquela imagem, e acordou novamente angustiado. A fobia do lobo já estava superada na época, ele teve então a liberdade de escolher um novo animal angustiante, e nesse sonho tardio reconheceu o professor como substituto do pai. No período posterior de sua infância, cada professor desempenhou o mesmo papel de pai, e foi dotado da mesma influência paterna, para o bem e para o mal.

O destino o presenteou com uma singular ocasião de reviver sua fobia de lobos no tempo do ginásio, e de tornar a relação que lhe servia de base o ponto de partida de graves inibições. O professor que dava aulas de latim à sua turma se chamava *Wolf* [lobo]. Desde o início ele se sentiu intimidado por esse professor, uma vez sofreu grave censura dele, por um erro tolo cometido numa tradução do latim, e não se livrou mais de um medo paralisante dele, que logo se transferiu para outros professores. Mas o ensejo que o levou a tropeçar na tradução também não era insignificante. Ele tinha que verter a palavra *"filius"*, e a traduziu pelo francês *"fils"*, em vez da palavra correspondente na língua materna. De fato, o lobo continuava sendo o pai.[14]

O primeiro "sintoma passageiro"[15] que o paciente produziu na terapia remontava também à fobia de lobos e ao conto dos sete cabritinhos. No aposento em que se realizaram as primeiras sessões havia um grande relógio de caixa na parede oposta a ele, que ficava deitado sobre um divã, de costas para mim. Notei que de quando em quando ele virava o rosto para mim, olhava-me com expressão amável, como que me tranquilizando, e em seguida voltava o olhar para o relógio. Na época achei que era um sinal de sua ânsia em terminar a sessão. Muito tempo depois o paciente me lembrou desse jogo de gestos e me deu a explicação para ele, ao me lembrar que o mais jovem dos sete cabritinhos achava esconderijo na

14 Depois desse xingamento do Lobo-professor ele soube que, de acordo com a opinião geral dos colegas, para ser apaziguado o professor esperava dele... dinheiro. Retornaremos a isso depois. Posso imaginar como facilitaria uma visão racionalista de uma tal história [do desenvolvimento] de uma criança, se fosse lícito supor que todo o medo diante do lobo partia, na realidade, do professor de latim do mesmo nome, que tinha sido projetado de volta para a infância e, apoiando-se na ilustração do conto, tinha produzido a fantasia da cena primária.

15 S. Ferenczi, "Über passagere Symptombildungen während der Analyse" [Sobre formações de sintomas passageiros durante a análise], *Zentralblatt für Psychoanalyse* [Folha Central de Psicanálise], v. 2, 1912, pp. 588 ss.

caixa do relógio, enquanto os seis irmãos eram devorados pelo lobo. Ele queria então dizer: "Seja bom comigo. Devo sentir medo de você? Você quer me devorar? Devo me esconder de você na caixa do relógio, como o cabritinho mais novo?".

O lobo do qual ele sentia medo era sem dúvida o pai, mas o medo do lobo estava ligado à condição da postura erguida. Sua recordação afirmava com grande certeza que a imagem de um lobo andando com as quatro patas ou deitado na cama, como no "Chapeuzinho Vermelho", nunca o apavorara. A posição que ele vira a mulher assumir, conforme a nossa construção da cena primária, não se revestia de significação menor; mas esta permanecia limitada à esfera sexual. O mais singular fenômeno de sua vida amorosa, após a maturidade, eram acessos de paixão sensual compulsiva, que surgiam e novamente desapareciam em misteriosa sequência, desencadeavam nele uma enorme energia, mesmo em épocas de inibição, e se subtraíam totalmente ao seu controle. Tenho que adiar a plena apreciação desses amores compulsivos, devido a alguns nexos especialmente valiosos, mas posso dizer que estavam ligados a uma condição determinada, que se ocultava à sua consciência e que se deu a conhecer apenas na terapia. A mulher tinha que adotar a posição que atribuímos à mãe na cena primária. Desde a puberdade ele sentia como a maior atração da mulher os traseiros grandes e salientes; um coito que não fosse por trás dificilmente lhe dava prazer. A ponderação crítica tem o direito de objetar que essa preferência sexual pelas partes traseiras do corpo é característica geral das pessoas que tendem à neurose obsessiva, e não autoriza que a derivemos de uma impressão especial da infância. Pertence ao quadro da disposição erótico-anal e é um dos traços arcaicos que distinguem tal constituição. A copulação por trás — *more ferarum* [à maneira dos animais] — pode mesmo ser vista como a forma filogeneticamente mais antiga. Também voltaremos a esse ponto numa discussão posterior, quando tivermos apresentado o material restante sobre a sua condição inconsciente para o amor.

Continuemos a nossa discussão dos vínculos entre o sonho e a cena primária. Conforme o que pudemos esperar até agora, o sonho deveria mostrar ao menino, que se alegrava com a realização de seus desejos no Natal, a imagem da satisfação sexual com o pai, tal como tinha visto naquela cena primária, como modelo da satisfação que ele próprio ansiava do pai. Em vez dessa imagem, porém, surgiu o material da história que o avô tinha narrado pouco antes: a árvore, os lobos, a ausência de cauda na forma da supercompensação, nas caudas espessas dos supostos lobos. Aqui nos falta um nexo, uma ponte associativa que conduza do teor da história primordial àquele da história dos lobos. Essa ligação é dada novamente pela postura, e apenas por ela. O lobo sem cauda convida aos demais, na narrativa do avô, a trepar sobre ele. A recordação da imagem da cena primária foi despertada por esse detalhe, por esse caminho o material da cena primária pôde ser representado pelo da história dos lobos, e ao mesmo tempo os dois pais puderam ser substituídos, da maneira desejada, por vários lobos. Outra mudança teve o conteúdo do sonho, na medida em que o material da história dos lobos adequou-se ao conteúdo do conto dos sete cabritinhos, dele retirando o número sete.[16]

A transformação do material: cena primária — história dos lobos — conto dos sete cabritinhos — reflete a progressão do pensamento durante a formação do sonho: anseio de satisfação sexual com o pai — inteligência da condição a ela relacionada, a castração — medo do pai.

---

16 O sonho diz seis ou sete. Seis é o número dos filhotes devorados; o sétimo refugiou-se na caixa do relógio. É sempre uma lei rigorosa da interpretação dos sonhos que cada detalhe tenha uma explicação.

Penso que agora o sonho angustiado do menino de quatro anos foi inteiramente esclarecido.[17]

17 Agora que pudemos fazer uma síntese deste sonho, procurarei dar uma visão geral das relações do conteúdo onírico manifesto com os pensamentos oníricos latentes.

É noite, estou deitado em minha cama. Esta segunda parte é o começo da reprodução da cena primária. "É noite" é distorção de "eu tinha dormido". A observação que diz "Sei que era inverno quando sonhei, e era noite" refere-se à lembrança do sonho, não pertence a seu conteúdo. Ela está correta, era uma das noites antes do aniversário, ou seja, do Natal.

De repente a janela se abre sozinha. A ser traduzido por: "De repente acordei por mim mesmo"; lembrança da cena primária. A influência da história em que o lobo pula para dentro, através da janela, faz-se valer de maneira modificadora, transformando a expressão direta em plástica. Ao mesmo tempo, a introdução da janela serve para colocar no presente o seguinte conteúdo onírico. Na noite de Natal a porta se abre subitamente, e as pessoas veem a árvore com os presentes diante de si. Portanto, aqui se faz valer a influência da expectativa de fato em relação ao Natal, que inclui a satisfação sexual.

A grande nogueira. Representa a árvore-de-natal, é portanto factual; além disso é a árvore da história dos lobos, na qual o alfaiate perseguido busca refúgio, sob a qual os lobos espreitam. A árvore alta é também, como frequentemente pude constatar, um símbolo da observação, do voyeurismo. Quando alguém está em cima de uma árvore, pode ver tudo o que acontece embaixo sem ser visto. Cf. a conhecida história de Boccaccio e outras anedotas semelhantes.

Os lobos. O número deles: seis ou sete. Na história dos lobos é um bando sem número determinado. A indicação do número mostra a influência do conto dos sete cabritinhos, no qual seis são devorados. A substituição do número dois da cena primária por um número maior, que seria absurdo na cena primária, é algo bem-vindo à resistência enquanto meio de deformação. No desenho relativo ao sonho, o sonhador trouxe à luz o número cinco, provavelmente corrigindo a indicação de que era noite.

Eles estão sentados na árvore. Primeiramente eles substituem os presentes pendurados na árvore-de-natal. Mas também são transpostos para a árvore porque isso pode significar que observam. Na história do avô eles se postam embaixo, em volta da árvore. Sua relação com a árvore foi portanto invertida no sonho, do que se pode concluir que no conteúdo do sonho aparecem ainda outras inversões do material latente.

Eles olham para ele com tensa atenção. Este traço vem inteiramente da cena primária, e chegou ao sonho à custa de uma total inversão.

Eles são inteiramente brancos. Este traço, pouco essencial em si, e bastante enfatizado no relato do sonhador, deve sua intensidade a uma pródiga fusão de elementos de todas as camadas do material, e combina detalhes secundários das outras fontes do sonho com um fragmento mais significativo da cena primária. Este último elemento de sua determinação procederia do branco da roupa de cama e das vestes dos pais, e também do branco dos rebanhos de ovelhas, dos cães pastores, como alusão a suas pesquisas sexuais com os animais, do branco nas histórias [plural no original] dos sete cabritinhos, em que a mãe é reconhecida pelo branco de sua pata. Logo mais entenderemos a roupa branca como alusão à morte também.

Eles estão sentados imóveis. Isso contradiz o conteúdo mais evidente da cena observada: a movimentação, que, devido à postura a que levou, constitui a ligação entre a cena primária e a história dos lobos.

Eles têm caudas como raposas. Isso deve contradizer uma conclusão obtida a partir da influência da cena primária sobre a história dos lobos e que se deve reconhecer como o mais importante resultado de sua pesquisa sexual: a de que existe realmente uma castração. O pavor com que é recebida essa conclusão do pensamento abre caminho no sonho, por fim, e produz o seu término.

O medo de ser comido pelos lobos. Para o sonhador, não parecia motivado pelo conteúdo do sonho. Ele disse: "Eu não deveria ter medo, pois os lobos pareciam mais raposas ou cães, eles não correram em minha direção como se fossem me morder, eram muito tranquilos e nada apavorantes". Reconhecemos que o traba-

Depois do que foi tratado até aqui, posso abordar brevemente o efeito patogênico da cena primária e a mudança que o seu despertar produziu no desenvolvimento sexual do paciente. Vamos acompanhar apenas o efeito a que o sonho deu expressão. Mais adiante haveremos de notar que da cena primária não partiu uma única corrente sexual, mas toda uma série delas, verdadeiramente uma fragmentação da libido. Depois levaremos em conta que a ativação desta cena (evito propositadamente a palavra "recordação") tem o mesmo efeito que teria se ela fosse uma vivência recente. A cena atua posteriormente, e nesse ínterim, no intervalo entre um ano e meio e quatro, nada perdeu do seu frescor. Talvez ainda encontremos motivo para pensar que ela produziu determinados

---

lho do sonho se empenhou, por um momento, em tornar os conteúdos dolorosos inofensivos mediante a transformação no contrário. (Eles não se movem, eles têm mesmo as caudas mais belas.) Até que afinal esse expediente falha e o medo irrompe. Ele acha sua expressão com ajuda da história em que os filhotes cabritos são devorados pelo pai lobo. Possivelmente essa parte mesma do conto lembrou as ameaças brincalhonas do pai ao brincar com o menino, de modo que o medo de ser devorado pelo lobo poderia ser tanto reminiscência como substituição por deslocamento.

Os elementos de desejo deste sonho são palpáveis; ao desejo diurno superficial de que o Natal chegue logo, com os presentes (sonho de impaciência), junta-se o desejo mais profundo, então permanente, de satisfação sexual com o pai, que primeiramente é substituído pelo desejo de ver de novo o que na época fora tão atraente. O processo psíquico vai, portanto, da realização desse desejo na cena primária conjurada até a recusa agora inevitável do desejo e a repressão.

A amplitude e a minúcia desta exposição, a que fui obrigado pelo empenho de oferecer ao leitor um equivalente para a força demonstrativa de uma análise conduzida pessoalmente, talvez o desencorajem também de exigir a publicação de análises que se estenderam por vários anos.

efeitos já na época de sua percepção, isto é, a partir de um ano e meio.

Quando o paciente se aprofundou na situação da cena primária, ele trouxe à luz as seguintes percepções de si mesmo: antes ele havia suposto que o acontecimento observado fosse um ato violento, mas a expressão prazerosa no rosto de sua mãe não combinava com isso; ele teve de reconhecer que havia satisfação.[18] O dado essencialmente novo que a observação do enlace dos pais lhe trazia era a convicção da realidade da castração, cuja possibilidade já havia ocupado seus pensamentos. (A vi-

---

18 Talvez a melhor maneira de levar em conta a declaração do paciente seja supor que o objeto de sua observação foi primeiramente um coito em posição normal, que desperta a impressão de um ato sádico. Somente depois a posição teria sido trocada, de modo que ele teve oportunidade para outras observações e julgamentos. Porém essa suposição não foi confirmada, e tampouco me parece imprescindível. Não devemos perder de vista, mercê da abreviada exposição do texto, a situação real de que 25 anos depois o analisando empresta, às impressões e impulsos dos seus quatro anos, palavras que naquele tempo não teria encontrado. Negligenciando-se tal advertência, pode facilmente parecer cômico e inverossímil que um garoto de quatro anos fosse capaz de tais juízos objetivos e pensamentos cultivados. Este é simplesmente um segundo caso de efeito a posteriori. Com um ano e meio a criança recebe uma impressão a que não pode reagir o bastante, só a compreende, só é comovida por ela na sua revivescência aos quatro anos, e somente na análise, duas décadas depois, pode apreender, com sua atividade mental consciente, o que ocorreu então dentro de si. O analisando ignora justificadamente as três fases temporais e coloca seu Eu atual na situação há muito acontecida. Nós o acompanhamos nisso, pois na auto-observação e interpretação correta o efeito há de ser como seria caso fosse possível negligenciar a distância entre a segunda e a terceira fase. E tampouco dispomos de outro meio para descrever os eventos da segunda fase.

são das duas garotas urinando, a ameaça da Nânia, a interpretação dada aos bastões de açúcar pela governanta, a lembrança de que o pai havia feito em pedaços uma cobra.) Pois naquele momento ele via com os próprios olhos a ferida de que havia falado a Nânia, e compreendia que a sua existência era uma condição para o enlace com o pai. Não podia mais confundi-la com o bumbum, como tinha feito ao observar as meninas pequenas.[19]

O desfecho do sonho foi a angústia, da qual ele se tranquilizou apenas ao ter a Nânia a seu lado. Portanto, ele se refugiou do pai junto a ela. A angústia era uma recusa do desejo de satisfação sexual com o pai, aspiração que lhe havia inspirado o sonho. Sua expressão, ser comido pelo lobo, era apenas uma transformação — regressiva, como veremos — do desejo de ser possuído sexualmente pelo pai, isto é, ser satisfeito do mesmo modo que a mãe. Sua última meta sexual, a atitude passiva para com o pai, havia sucumbido a uma repressão, e a angústia ante o pai havia tomado seu lugar na forma da fobia de lobos.

E a força motriz dessa repressão? Conforme o conjunto dos fatos, só poderia ser a libido genital narcísica, que, por preocupação com seu membro viril, rebelou-se contra uma satisfação que parecia impor a renúncia a este membro. Do narcisismo ameaçado ele extraiu a virilidade com que se defendeu da atitude passiva diante do pai.

Agora vemos que neste ponto da exposição teremos que mudar nossa terminologia. Durante o sonho ele atingiu uma nova fase de sua organização sexual. Até então os opostos sexuais haviam sido, para ele, *ativo* e *passivo*. Desde a sedução a sua meta sexual era passiva, ser tocado nos genitais, e transformou-se então, pela regressão ao estágio anterior da organização sádico-anal, em masoquista, ser castigado, golpeado. Era-lhe indiferente se esta meta seria

19 Mais adiante, ao lidar com seu erotismo anal, saberemos como ele continuou a se ocupar dessa parte do problema.

alcançada com o homem ou com a mulher. Sem considerar a diferença de sexo ele havia passado da Nânia para o pai, havia solicitado da Nânia que tocasse no seu membro, e tinha desejado provocar o castigo do pai. Os genitais não eram levados em conta; era na fantasia de ser golpeado no pênis que ainda se expressava o nexo oculto pela regressão. Agora a ativação da cena primária no sonho o levava de volta à organização genital. Ele descobriu a vagina e a significação biológica de masculino e feminino. Compreendeu que ativo era igual a masculino, e passivo a feminino. Sua meta sexual passiva tinha agora que se transformar em feminina e adotar a expressão "ser possuído pelo pai", em vez de "ser golpeado por ele no órgão genital ou nas nádegas". Essa meta feminina sucumbia agora à repressão e era obrigada a ser substituída pela angústia diante do lobo.

Devemos interromper aqui a discussão de seu desenvolvimento sexual, até que dos estágios posteriores de sua história seja vertida uma nova luz sobre esses estágios anteriores. Quanto à fobia de lobos, acrescentemos ainda que ambos, o pai e a mãe, tornaram-se lobos. Pois a mãe tinha o papel do lobo castrado, que deixava os demais treparem sobre ele, e o pai, o do que trepava. Mas o seu medo se referia apenas, como o ouvimos assegurar, ao lobo erguido, isto é, ao pai. Também deve nos chamar a atenção que a angústia em que findava o sonho tinha um modelo na narrativa do avô. Nesta o lobo castrado, que deixa os demais treparem sobre ele, é acometido de angústia ao ser lembrado que não tem cauda. Parece, então, que durante o processo onírico ele se identificou com a mãe castrada e agora se rebelava contra isso. Em tradução que acreditamos adequada: "Se você quer ser satisfeito pelo pai, você deve aceitar a castração, como a mãe; mas isso eu não quero". Um claro protesto de sua masculinidade! Tenhamos claro, de resto, que o desenvolvimento sexual do caso que acompanhamos possui a grande desvantagem, para a nossa pesquisa, de não ter ocorrido sem perturbações. Primeiro foi influenciado decisivamente pela sedução, e depois desviado pela cena da observação do coito, que atuou a posteriori como uma segunda sedução.

5. Algumas discussões

Baleia e urso-polar, dizem, não podem fazer guerra entre si, porque, cada um limitado a seu elemento, não chegam a se encontrar. É igualmente impossível, para mim, discutir com os que, trabalhando no campo da psicologia ou da neurologia, não reconhecem os pressupostos da psicanálise e consideram artificiais os seus resultados. Mas nos últimos anos desenvolveu-se uma outra oposição, de pessoas que se acham — ou ao menos acreditam se achar — no terreno da psicanálise, que não lhe questionam a técnica e os resultados, sentindo-se apenas autorizadas a extrair outras conclusões do mesmo material e submetê-lo a outras concepções.

A controvérsia teórica é geralmente infrutífera, porém. Tão logo começamos a nos afastar do material de que nos devemos nutrir, corremos o perigo de nos inebriar com as nossas afirmações e de afinal sustentar opiniões que qualquer observação teria refutado. Daí me parecer incomparavelmente mais adequado combater concepções divergentes por meio de seu exame em casos e problemas específicos.

Declarei acima (pp. 37-8) que certamente será tido por improvável "que uma criança na tenra idade de um ano e meio seja capaz de acolher as percepções de um processo tão complicado e conservá-las tão fielmente em seu inconsciente; em segundo lugar, que seja possível que uma elaboração desse material chegue posteriormente à compreensão, aos quatro anos de idade; por fim, que se consiga mediante algum procedimento tornar consciente, de forma coesa e convincente, os detalhes de uma tal cena, vivencia-da e compreendida em tais circunstâncias".

A última questão é puramente factual. Quem se der ao trabalho de conduzir a análise a essas profundezas, mediante a técnica prescrita, se convencerá de que tal coisa é bem possível; quem deixa de fazê-lo e interrompe a análise em alguma camada mais alta renunciou ao julgamento. Mas a concepção acerca do que se atingiu na análise de profundezas não está decidida com isso. As duas outras dúvidas se baseiam numa subestimação das impressões da primeira infância, às quais não se creditam efeitos tão duradouros. Pretendem achar a causa das neuroses quase exclusivamente nos conflitos sérios da vida posterior, e supõem que a importância dos anos infantis é algo encenado à nossa frente, pela inclinação que têm os neuróticos de expressar seus atuais interesses em reminiscências e símbolos do passado mais antigo. Com tal avaliação do elemento infantil é ignorada muita coisa que se inclui entre as mais íntimas peculiaridades da psicanálise, e também, não há dúvida, boa parte do que desperta resistências a ela e afasta a confiança dos que estão de fora.

A concepção que aqui oferecemos à discussão, portanto, é a de que tais cenas da primeira infância, tal como são fornecidas pela análise exaustiva das neuroses, do nosso caso, por exemplo, não seriam reproduções de acontecimentos reais, a que se poderia atribuir influência na configuração da vida posterior e na formação de sintomas, mas sim formações da fantasia que obtêm estímulo da época madura, destinadas a uma certa representação simbólica de desejos e interesses reais, e que devem sua origem a uma tendência regressiva, a um afastamento das tarefas do presente. Se for assim, podemos nos poupar naturalmente toda atribuição espantosa referente à vida psíquica e à realização intelectual de crianças da mais tenra idade.

Fatos diversos vêm ao encontro desta concepção, além do desejo de racionalização e simplificação da difícil tarefa, por todos nós partilhado. E de antemão é possível eliminar uma dúvida que poderia nascer precisamente no analista praticante. É preciso admitir que, se a mencionada concepção destas cenas infantis for a correta, de imediato nada mudaria no exercício da análise. Se o neurótico tem a má característica de afastar seu interesse do presente e ligá-lo a essas formações substitutas regressivas de sua fantasia, nada podemos fazer senão acompanhá-lo em seus caminhos e levar à sua consciência tais produções inconscientes, pois elas são, abstraindo de sua ausência de valor real, altamente valiosas para nós, como portadoras e donas do interesse que queremos liberar, para dirigir às tarefas do presente. A análise teria que transcorrer exatamente como aquela que, ingenuamente confiante, toma tais fantasias por verdadeiras. A diferença viria apenas no final da análise, após o desvelamento dessas fantasias. Então diríamos ao doente: "Muito bem; sua neurose transcorreu como se na infância você tivesse recebido e continuado a tecer tais impressões. Você se dá conta de que isso não é possível. Eram produtos da atividade de sua fantasia, que o afastavam das tarefas reais que estavam à sua frente. Agora nos deixe investigar quais eram essas tarefas, e que vias de ligação existiam entre elas e as suas fantasias". Uma segunda parte do tratamento, voltada para a vida real, poderia começar após esse ajuste de contas com as fantasias infantis.

Um encurtamento desse caminho, ou seja, uma alteração na terapia analítica até agora praticada, seria tecnicamente inadmissível. Se não o tornamos consciente dessas fantasias em toda a sua amplitude, o doente não poderá ter sob seu comando o interesse a elas ligado. Se o desviamos delas, tão logo pressentimos a sua existência e contornos gerais, apenas apoiamos o trabalho da repressão, por meio do qual elas se tornaram inacessíveis a todos os esforços do doente. Se as desvalorizamos prematuramente a seus olhos, ao revelar, por exemplo, que não passam de fantasias sem nenhuma significação real, jamais obteremos sua colaboração para levá-las à consciência. Portanto, num procedimento correto, a técnica psicanalítica não poderia sofrer qualquer mudança, não importando como se avaliem estas cenas infantis.

Mencionei que vários elementos factuais podem ser invocados em prol da concepção destas cenas como fantasias regressivas. Sobretudo um: o de que tais cenas infantis não são, no tratamento — até onde vai minha experiência —, reproduzidas como lembranças, são resultado da construção. Para alguns, a disputa já parecerá resolvida por esta confissão.

Não quero ser mal compreendido. Todo psicanalista sabe, já lhe aconteceu inúmeras vezes, que num tratamento bem-sucedido o paciente comunica muitas recordações espontâneas da sua infância, por cujo aparecimento — primeiro aparecimento, talvez — o médico não se sente responsável de modo algum, pois não tentou fazer construções que sugerissem ao doente semelhante conteúdo. Tais recordações, antes inconscientes, não precisam sequer ser verdadeiras; podem sê-lo, mas com frequência são distorcidas em relação à verdade, impregnadas de elementos de fantasia, exatamente como as chamadas lembranças encobridoras conservadas de modo espontâneo. Quero dizer que cenas como a de meu paciente, de um período tão antigo e com tal conteúdo, e que possuem tal importância para a história do caso, em geral não são reproduzidas como lembranças, mas têm de ser gradual e laboriosamente adivinhadas — construídas — a partir de uma soma de indícios. E bastaria para meu argumento admitir que tais cenas não se tornam conscientes como lembranças, nos casos de neurose obsessiva, ou limitar a afirmação a este caso em estudo.

Não sou de opinião que estas cenas tenham de ser fantasias necessariamente, porque não retornam como lembranças. Parece-me ser de absoluta equivalência à lembrança o fato de que elas — como em nosso caso — sejam substituídas por sonhos cuja análise leva regularmente à mesma cena, e que reproduzam cada fragmento de seu conteúdo em incansável remodelação. Sonhar é também recordar, embora sujeito às condições do período noturno e da formação do sonho. Esse retorno em sonhos explica, segundo creio, que nos pacientes mesmos se forme gradualmente uma firme convicção da realidade dessas cenas primárias, uma convicção que em nada fica atrás daquela baseada na recordação.[20]

Naturalmente, os opositores não devem abandonar o combate a esses argumentos como sendo algo improfícuo. Os sonhos são notoriamente influenciáveis.[21] E a convicção do analisando pode ser consequência da sugestão, para a qual ainda se procura um papel no jogo de forças do tratamento analítico. Um psicoterapeuta da velha cepa iria sugerir ao paciente que ele está são, que superou suas inibições etc.; o psicanalista, porém, que ele teve essa ou aquela vivência quando criança, a qual tem de recordar agora, para ficar são. Esta seria a diferença entre os dois.

Deixemos claro que essa tentativa de explicação dos opositores implica que as cenas infantis foram tratadas de modo bem mais radical do que no princípio se anunciava. Antes elas não seriam realidade, mas fantasias. Agora se argumenta: não fantasias do doente, mas do analista mesmo, que as impõe ao analisando a partir de

---

20 Uma passagem da primeira edição da minha *Interpretação dos sonhos* (1900) pode mostrar como me ocupei bem cedo desse problema. Ali se encontra, à p. 126, sobre a análise da fala que aparece num sonho: *Isso não se pode ter de novo*; esta fala vem de mim mesmo; alguns dias antes eu havia explicado à paciente que "as mais antigas vivências infantis *não podem ser tidas de novo* como tais, mas que são substituídas por 'transferências' e sonhos na análise" [*Gesammelte Werke* II/III, p. 190; capítulo v, seção A, o primeiro dos sonhos "inofensivos"].

21 O mecanismo do sonho não pode ser influenciado, mas o material do sonho pode ser parcialmente dirigido.

complexos pessoais. Ao ouvir esta censura, é certo que o analista evocará, para tranquilizar a si mesmo, como se deu gradualmente a construção dessa fantasia que supostamente sugeriu, como em muitos pontos a sua configuração procedeu de modo independente do estímulo médico, como tudo parecia convergir para ela, a partir de uma certa fase do tratamento, e como depois, na síntese, dela irradiavam as consequências mais diversas e notáveis, como os grandes e pequenos problemas e peculiaridades da história clínica encontravam solução nessa hipótese, e alegará que não se atribui sagacidade bastante para urdir um acontecimento que satisfaça de uma vez a todas essas exigências. Mas essa argumentação também não surtirá efeito sobre a outra parte, que não experimentou por si mesma a análise. Refinado engano de si mesmo, dirão de um lado; embotamento do juízo, dirão do outro; e não se alcançará uma decisão.

Voltemo-nos agora para um outro fator, que favorece a concepção oposta das cenas infantis reconstruídas. Ele é o seguinte. Todos os processos a que se recorreu para o esclarecimento dessas formações duvidosas como sendo fantasias existem de fato, e devem ser reconhecidos como importantes. O fato de o interesse se afastar das tarefas da vida real,[22] a existência de fantasias como formações substitutas para as ações não realizadas, a tendência regressiva que se exprime nessas criações — regressiva em mais de um sentido, na medida em que ocorrem simultaneamente um recuo diante da vida e um recurso ao passado —, tudo isso é correto e pode ser confirmado regularmente na análise. Seria de esperar que também bastasse para esclarecer as supostas reminiscências da primeira infância que se acham em discussão, e, conforme os princípios econômicos da ciência, essa explicação teria a pre-

---

22 Por bons motivos prefiro dizer: "O fato de a *libido* afastar dos *conflitos* atuais".

ferência diante de uma outra, que não pode bastar sem hipóteses novas e estranhas.

Neste ponto, permitam-me chamar a atenção para o fato de que na atual literatura psicanalítica as controvérsias se fazem habitualmente segundo o princípio de *pars pro toto* [tomar a parte pelo todo]. De um conjunto altamente composto se retira uma parte dos fatores atuantes, proclama-se que é a verdade e em seu favor se contradiz a outra parte e o todo. Olhando mais atentamente a que grupo de fatores coube a preferência, vê-se que é aquele que contém o já conhecido de outra fonte, ou o que mais dele se aproxima. Em Jung é, então, a atualidade e a regressão, em Adler, os motivos egoístas. Mas é relegado e rejeitado como erro precisamente aquilo que é novo e peculiar na psicanálise. Desse modo são rechaçados mais facilmente os avanços revolucionários da incômoda psicanálise.

Vale destacar que nenhum dos fatores aduzidos pela concepção rival para a compreensão das cenas infantis necessitava ser apresentado por Jung como novidade. O conflito atual, o afastamento da realidade, a satisfação substituta na fantasia, a regressão ao material do passado, tudo isso, na mesma conjunção, talvez com pequena mudança de terminologia, constituiu desde sempre boa parte de minha teoria. Não era o todo, apenas a parte das causas que, partindo da realidade, atua na formação da neurose em direção regressiva. Ao lado disso, deixei lugar para uma outra influência progressiva, que atua desde as impressões infantis, que aponta o caminho à libido que se retrai ante a vida, e permite compreender a regressão à infância, de resto inexplicável. Segundo a minha concepção, os dois fatores atuam conjuntamente na formação de sintomas; mas uma atuação conjunta anterior me parece igualmente significativa. Sustento que *a influência da infância já se faz sentida na situação inicial da formação da neurose, na medida em que também determina, de modo decisivo, se e em que ponto o indivíduo fracassa ao lidar com os problemas reais da vida.*

O que está em disputa, portanto, é a significação do fator infantil. A tarefa consiste em achar um caso que, sem nenhuma margem para a dúvida, demonstre essa importância. Um caso assim é o que tratamos minuciosamente aqui, que se caracteriza pelo fato de que a neurose da vida adulta é precedida por uma neurose na primeira infância. Justamente por isso escolhi este caso para comunicação. Se alguém o quiser rejeitar, porque a fobia de animais não lhe parece bastante séria para ser reconhecida como neurose autônoma, eu lhe responderei que à fobia sucederam, sem nenhum intervalo, um cerimonial obsessivo e pensamentos e atos obsessivos, dos quais falaremos nas seções seguintes deste trabalho.

Uma doença neurótica no quarto ou quinto ano da infância vem demonstrar, acima de tudo, que as vivências infantis são capazes por si só de produzir uma neurose, sem necessitar, para isso, da fuga ante uma tarefa imposta pela vida. Será feita a objeção de que também à criança se apresentam continuamente tarefas a que talvez preferisse escapar. Isto é certo, mas a vida de uma criança que ainda não frequenta a escola não é difícil de ser observada, e pode-se investigar se existe nela uma "tarefa" que determine a causação da neurose. Mas descobrem-se apenas impulsos instintuais, cuja satisfação é impossível para a criança e cujo domínio está fora de seu alcance, e as fontes das quais eles surgem.

Como era de esperar, a enorme diminuição do intervalo entre a irrupção da neurose e a época das vivências infantis em questão faz encolher ao máximo a parte regressiva da causação, e traz inteiramente à luz a parcela progressiva da mesma, a influência das primeiras impressões. Esta situação será ilustrada nitidamente, espero, pela presente história clínica. Mas há outras razões ainda por que a neurose infantil dá uma resposta decisiva à questão sobre a natureza das cenas primárias, ou vivências infantis mais antigas averiguadas na análise.

Se supomos, como premissa não contestada, que uma tal cena primária foi obtida de maneira tecnicamente correta, que é indispensável para a solução abrangente de todos os enigmas que nos propõem os sintomas da doença infantil, que dela emanam todos os efeitos, assim como a ela conduziram todos os fios da análise, então é impossível, considerando o seu conteúdo, que ela seja outra coisa que não a reprodução de uma realidade vivida pela criança. Pois a criança, tal como o adulto, só pode produzir fantasias com material adquirido em algum lugar; as vias para essa aquisição se acham em parte (leitura, por exemplo) interditadas à criança, o espaço de tempo disponível para a aquisição é curto e fácil de explorar na busca dessas fontes.

Em nosso caso, a cena primária contém a imagem da relação sexual entre os pais, numa posição particularmente propícia para certas observações. Não constituiria prova da realidade desta cena, se a encontrássemos num doente cujos sintomas, isto é, os efeitos da cena, tivessem aparecido em alguma ocasião de sua vida posterior. Tal pessoa poderia ter adquirido nos mais diversos momentos do longo intervalo as impressões, representações e conhecimentos que ela transforma numa imagem de fantasia, projeta de volta em sua infância e liga a seus pais. Mas se os efeitos de uma tal cena surgem no quarto ou quinto ano de vida, a criança deve tê-la presenciado numa época ainda anterior. Então permanecem de pé todas as conclusões desconcertantes que nos vieram da análise da neurose infantil. A menos que se suponha que o paciente não só fantasiou inconscientemente esta cena primária, mas também tramou sua mudança de caráter, seu medo dos lobos e sua compulsão religiosa, um expediente que estaria em contradição com sua natureza normalmente sóbria e a tradição imediata de sua família. Então a coisa deve ficar nisso — não vejo outra possibilidade: ou a análise que parte de sua neurose infantil é um desvario, ou tudo corresponde ao que descrevi acima.

Numa passagem anterior também estranhamos a seguinte ambiguidade: a preferência do paciente pelas nádegas da mulher e pelo coito na posição em que elas sobressaem parecia requerer uma derivação do coito observado entre os pais, ao mesmo tempo que tal predileção é um traço geral das constituições arcaicas predispostas à neurose obsessiva. Aqui se oferece o expediente simples de resolver a contradição vendo-a como sobredeterminação. A pessoa que ele observou nessa posição durante o coito era o seu pai carnal, do qual ele podia ter herdado também essa preferência constitucional. Nem a posterior doença do pai nem a história da família contrariam tal possibilidade; um irmão do pai morreu, como foi dito, num estado que deve ser apreendido como desfecho de uma séria enfermidade obsessiva.

A respeito disso lembramos que a irmã, ao seduzir o garoto de três anos e três meses, havia lançado, contra a velha e boa ama, a calúnia singular de que ela punha as pessoas de cabeça para baixo e lhes agarrava os genitais.[23] Foi inevitável que nos ocorresse a ideia de que talvez a irmã, em idade igualmente tenra, tivesse presenciado a mesma cena que o irmão veio a observar depois, e dali tirado o estímulo para o "pôr de cabeça para baixo" durante o ato sexual. Esta suposição nos indicaria também uma fonte de sua precocidade sexual.

[Originalmente eu não tinha a intenção de prosseguir neste lugar a discussão sobre o valor de realidade das "cenas primárias", mas, como nesse meio-tempo fui levado a tratar do tema nas minhas *Conferências introdutórias à psicanálise*, em contexto mais amplo e sem propósito polêmico, poderia suscitar equívocos o fato de eu omitir

---

23 Cf. pp. 18-9.

a aplicação dos pontos de vista ali determinantes ao caso que aqui se apresenta. Então eu continuo, à guisa de complemento e retificação: Para a cena primária que está na base do sonho é possível uma outra concepção, que evita em larga medida a conclusão alcançada antes e nos dispensa de algumas dificuldades. É certo que a teoria que pretende rebaixar as cenas infantis a símbolos regressivos também nada ganhará com essa modificação; ela me parece mesmo definitivamente liquidada por essa análise — como seria por qualquer outra.

Quero dizer que a questão pode ser disposta da seguinte maneira. Não podemos renunciar à hipótese de que a criança observou um coito, à vista do qual teve a convicção de que a castração podia ser mais que uma ameaça vazia; também a significação que depois adquirem as posições do homem e da mulher, para o desenvolvimento da angústia e como condição para o amor, não nos deixa outra escolha senão concluir que deve ter sido um *coitus a tergo, more ferarum* [coito por trás, à maneira dos animais]. Mas um outro elemento não é tão indispensável, e pode ser abandonado. Não foi talvez um coito dos pais, mas sim de animais, aquele que o menino observou e então atribuiu aos pais, como se tivesse deduzido que os pais também não faziam de outro modo.

Em favor desta concepção há sobretudo o fato de os lobos do sonho serem realmente cães pastores e como tais aparecerem no desenho. Pouco tempo antes do sonho, ele fora conduzido várias vezes aos rebanhos de ovelhas, onde pôde ver esses cachorros grandes e brancos e provavelmente observá-los no coito também. A isto eu relacionaria também o número três, que o sonhador introduziu sem nenhuma outra motivação, e suporia que ele conservou na memória que tinha feito três dessas observações nos cães pastores. O que então se juntou a isso, no estado de excitação plena de expectativa da noite de seu sonho, foi a transferência para seus pais, com *todos* os pormenores, da imagem mnemônica recém-adquirida, mediante a qual se tornaram possíveis aqueles poderosos efeitos emocionais. Nesse momento houve uma compreensão a posteriori daquelas impressões recebidas talvez algumas semanas ou meses antes, processo que cada um de nós talvez tenha experimentado em si mesmo. A transferência dos cães em cópula para os pais não se realizou por meio de um procedimento dedutivo ligado a palavras, mas buscando na recordação uma cena real em que os pais apareciam juntos, e que pôde se fundir com a situação do coito. Todos os detalhes da cena que foram estabelecidos na análise do sonho podem ter se reproduzido exatamente. Era de fato uma tarde de verão, o menino sofria de malária, os pais estavam ambos presentes, vestidos de branco, quando ele acordou de seu sono, mas — a cena era inofensiva. O restante fora acrescentado, com base nas suas experiências com os cães, pelo desejo posterior do menino ávido de saber, desejoso de espreitar também os pais em seu comércio amoroso, e então a cena assim fantasiada desdobrava todos os efeitos que lhe atribuímos, como se tivesse sido inteiramente real e não composta de duas partes coladas, uma anterior, indiferente, e uma posterior, muito impressionante.

Logo se vê o quanto diminuem as exigências feitas à nossa credulidade. Já não precisamos supor que os pais realizaram o coito na presença da criança, mesmo que fosse bem nova — uma ideia desagradável para muitos de nós. O efeito a posteriori tem seu intervalo bastante reduzido; agora diz respeito apenas a alguns meses do quarto ano de vida, e não remonta absolutamente aos primeiros anos obscuros da infância. Pouco existe de estranho na conduta da criança, ao fazer transferência dos cães para os pais e sentir medo do lobo, em vez do pai. Ela se acha na fase de desenvolvimento da sua visão de mundo que em *Totem e tabu* é caracterizada como o retorno do totemismo. A teoria que tenta esclarecer as cenas primárias das neuroses por um fantasiar retrospectivo a partir de tempos ulteriores parece encontrar um forte apoio em nossa observação, apesar da tenra idade de quatro anos do nosso neurótico. Sendo tão jovem, foi no entanto capaz de substituir uma impressão dos quatro anos por um trauma fantasiado com um ano e meio; mas essa regressão não parece enigmática nem tendenciosa. A cena a ser produzida tinha que preencher determinadas condições, que devido às circunstâncias da vida do sonhador se encontravam apenas nessa época primeira, por exemplo, a de estar numa cama no quarto dos pais.

Mas o que parecerá decisivo para a maioria dos leitores, no tocante à justeza da concepção aqui proposta, é o que posso juntar a partir dos resultados analíticos de outros casos. A cena de observar o comércio sexual entre os pais na infância remota — seja lembrança real ou fantasia — não é verdadeiramente uma raridade nas análises de humanos neuróticos. Talvez ela se ache com igual frequência nos que não se tornaram neuróticos. Talvez ela pertença ao acervo regular de seu tesouro — consciente ou inconsciente — de lembranças. Sempre que pude obter uma tal cena mediante a análise, porém, ela mostrou a mesma peculiaridade que nos desconcertou em nosso paciente, referia-se a um *coitus a tergo*, o único que permite ao espectador a inspeção dos genitais. Então já não cabe duvidar que se trata apenas de uma fantasia, talvez estimulada regularmente pela observação do ato sexual entre animais. Mais ainda: indiquei que a minha exposição da "cena primária" permaneceu incompleta, pois deixei para comunicar depois o modo como a criança perturba o ato dos pais. Agora devo acrescentar que também essa maneira de perturbar é a mesma em todos os casos.

Posso imaginar que agora me expus a graves suspeitas por parte do leitor. Se esses argumentos em favor de uma tal concepção da "cena primária" estavam à minha disposição, como pude assumir a responsabilidade de defender primeiro uma outra, que parecia tão absurda? Ou eu teria feito essas novas observações, que me obrigaram a modificar minha concepção inicial, no intervalo entre a primeira redação da história clínica e este acréscimo, e por algum motivo não quis confessá-lo? Mas confesso, em troca, uma outra coisa: que desta vez pretendo encerrar a discussão sobre o valor de realidade da cena primária com um *non liquet*. Este caso clínico não chegou ao fim; mais adiante emergirá um fator que deve perturbar a certeza que acreditamos desfrutar neste momento. Então restará somente remeter o leitor às passagens de minhas *Conferências* em que tratei o problema das fantasias ou cenas primárias.]

6. A neurose obsessiva

Pela terceira vez experimentava ele uma influência que mudou de maneira decisiva o seu desenvolvimento. Quando tinha quatro anos e meio e seu estado de irritabilidade e angústia continuava sem melhora, a mãe decidiu fazer que conhecesse a história bíblica, na esperança de distraí-lo e edificá-lo. E conseguiu; essa introdução da religião pôs fim à fase anterior, mas acarretou a substituição dos sintomas de angústia por sintomas obsessivos. Até então ele não podia adormecer com facilidade, porque temia sonhar coisas ruins como naquela noite de Natal; agora tinha que beijar todas as imagens de santos do quarto antes de dormir, recitar as orações e fazer incontáveis sinais da cruz sobre si mesmo e sobre o leito.

Sua infância se mostra então claramente dividida nas épocas seguintes: primeiro, o tempo preliminar até a sedução (três anos e meio), em que ocorre a cena primária; em segundo lugar, o tempo da mudança de caráter, até o sonho angustiante (quatro anos); terceiro, o da fobia de animais, até a iniciação na religião (quatro anos e meio), e a partir daí o da neurose obsessiva, até os dez anos de idade. A transição imediata e pura de uma fase a outra não é da natureza dessas coisas, nem da de nosso paciente, que se caracteriza, ao contrário, pela conservação de tudo o que passou e a coexistência das mais diversas correntes. O comportamento malcriado não desapareceu quando sobreveio a angústia, e prosseguiu, diminuindo lentamente, até o período da devoção religiosa. Mas da fobia de lobos não há mais traço nessa última fase. A neurose obsessiva transcorreu de modo descontínuo; o primeiro acesso foi o mais longo e mais intenso, outros vieram quando ele tinha oito e dez anos, a cada vez ocasionados por circunstâncias que se ligavam visivelmente ao conteúdo da neurose. A mãe lhe contou ela mesma a História Sagrada, e além disso fez a Nânia ler em voz alta um livro sobre o tema, adornado de ilustrações. A ênfase principal da narrativa caiu naturalmente sobre a história da Paixão. A Nânia, que era bem devota e supersticiosa, dava explicações sobre o que lia, mas também tinha que escutar todas as objeções e dúvidas do pequeno crítico. Se os conflitos que começavam a agitá-lo terminaram por fim com a vitória da fé, a influência da Nânia não deixou de ter participação nisso.

O que ele me relatou como lembrança de suas reações à iniciação religiosa deparou de início com a minha completa descrença. Aqueles não podiam ser, era minha opinião, os pensamentos de um garoto de quatro anos e meio ou cinco; provavelmente ele transpunha para esse passado remoto o que se originava da reflexão do adulto de quase trinta anos.[24] O paciente não quis saber dessa correção, porém; e não foi possível convencê-lo, como fiz em muitas

24 Várias vezes tentei atrasar em ao menos um ano a história do paciente, isto é, situar a sedução aos quatro anos e meio, o sonho no quinto aniversário etc. No tocante aos intervalos não foi possível obter nada, o paciente ficou inflexível também nisso, sem poder eliminar minha dúvida. Quanto à impressão que produz a sua história, e todas as discussões e conclusões dela derivadas, um tal adiamento de um ano seria por certo indiferente.

outras diferenças de juízo entre nós; por fim, a coerência entre os seus pensamentos lembrados e os sintomas relatados, e o modo como se encaixam no seu desenvolvimento sexual, me obrigaram a lhe dar crédito. Então disse a mim mesmo que justamente essa crítica às teorias da religião, de que eu não julgava capaz a criança, é levada a efeito apenas por uma minoria ínfima de adultos.

Agora apresentarei o material de suas recordações, para depois buscar um caminho que leve à compreensão delas.

A impressão que ele teve da História Sagrada não foi inicialmente agradável, como ele relatou. Primeiro se revoltou com o caráter sofredor da pessoa de Cristo, depois com a sua história como um todo. Dirigiu contra Deus Pai sua insatisfação crítica. Se ele era todo-poderoso, era sua culpa que os homens fossem maus e atormentassem os outros, indo então para o Inferno. Ele deveria tê-los feito bons; ele mesmo era responsável por todo o mal e todo o tormento. Ficou aborrecido com o mandamento que diz para oferecer a outra face, quando se recebe uma bofetada, com o fato de Cristo desejar que afastassem dele o cálice, na cruz, e também por não ter acontecido nenhum milagre demonstrando que ele era filho de Deus. Assim, sua perspicácia estava alerta e soube discernir com implacável rigor os pontos fracos da fábula santa.

Mas a essa crítica racionalista logo se juntaram dúvidas e ruminações, que deixam perceber a contribuição de impulsos secretos. Uma das primeiras perguntas que ele fez à Nânia foi se Cristo tinha também um traseiro. Ela respondeu que ele havia sido Deus e também homem. Enquanto homem ele havia tido e feito tudo como os outros homens. Isso não o satisfez, mas ele soube consolar-se, dizendo que o traseiro era apenas a continuação das pernas. O medo de ter que rebaixar a pessoa divina, que mal acabava de ser mitigado, inflamou-se novamente quando lhe veio a questão de saber se Cristo também defecava. Ele não ousou colocá-la para a Nânia beata, e encontrou ele próprio

O HOMEM DOS LOBOS

uma saída, melhor do que qualquer outra que ela pudesse ter lhe achado. Como Cristo havia feito vinho a partir de nada, também podia transformar a comida em nada, e assim poupar-se a defecação.

Nós nos aproximaremos de uma compreensão dessas ruminações se retomarmos um elemento já mencionado de seu desenvolvimento sexual. Sabemos que, desde a rejeição pela Nânia e a consequente supressão da atividade genital incipiente, sua vida sexual havia se desenvolvido na direção do sadismo e do masoquismo. Ele atormentava e maltratava pequenos animais, fantasiava bater em cavalos e, por outro lado, que o herdeiro do trono era surrado.[25] No sadismo ele conservava a antiga identificação com o pai, no masoquismo ele o escolhia como objeto sexual. Encontrava-se inteiramente numa fase da organização pré-genital em que vejo a disposição para a neurose obsessiva. Pela ação daquele sonho, que o colocou sob a influência da cena primária, ele poderia ter avançado até a organização genital e transformado o seu masoquismo ante o pai em postura feminina diante dele, em homossexualidade. Porém o sonho não trouxe este avanço; ele terminou em angústia. A relação com o pai, que deveria conduzi-lo da meta sexual de ser castigado por ele à meta seguinte, ser possuído pelo pai como uma mulher, foi recuada a um estágio ainda mais primitivo, pela objeção de sua masculinidade narcisista, e, por deslocamento para um substituto do pai, cindida sob forma da angústia de ser devorado pelo lobo, mas de modo algum resolvida por esse meio. A esse estado de coisas aparentemente complicado talvez possamos fazer justiça apenas se nos ativermos à coexistência das três tendências dirigidas para o pai. A partir do sonho ele era homossexual no inconsciente, na neurose estava ao nível do canibalismo; e permaneceu predominante a antiga postura masoquista. Todas as três correntes tinham metas sexuais passivas; era

25 Especialmente que lhe batiam no pênis. Ver p. 25.

o mesmo objeto, o mesmo impulso sexual, mas este havia experimentado uma cisão em três níveis diferentes.

O conhecimento da História Sagrada lhe dava agora a possibilidade de sublimar a postura masoquista que predominava diante do pai. Ele se tornou Cristo, o que lhe era facilitado pelo dia do nascimento. Com isso ele se tornava uma coisa grande, e também — algo que momentaneamente não se enfatizou bastante — um homem. Na dúvida de que Cristo tivesse um traseiro transparece a postura homossexual reprimida, pois esta ruminação não podia significar senão a pergunta se ele podia ser usado pelo pai como uma mulher, como a mãe na cena primária. Quando chegarmos à solução das outras ideias obsessivas confirmaremos essa interpretação. À repressão da homossexualidade passiva correspondia agora a preocupação de que era ultrajante estabelecer relação entre a pessoa divina e tais conjecturas. Nota-se que ele se empenha em manter sua nova sublimação livre do acréscimo que retirou das fontes do reprimido. Mas não conseguiu fazer isso.

Ainda não compreendemos por que agora se rebelava também contra o caráter passivo de Cristo e contra os maus-tratos do pai, começando assim a negar seu ideal masoquista até então, mesmo na sua sublimação. Podemos supor que este segundo conflito era particularmente propício à emergência dos pensamentos obsessivos humilhantes do primeiro conflito (entre a corrente masoquista dominante e a homossexual reprimida), pois é natural que num conflito psíquico se somem todas as tendências opostas, ainda que das fontes mais diversas. O motivo de sua rebelião e, portanto, da crítica feita à religião, nós o conheceremos a partir de novas informações.

Também sua pesquisa sexual havia tirado proveito das informações sobre a História Sagrada. Até então ele não tinha motivo para supor que as crianças vêm apenas da mulher. Pelo contrário, a Nânia o tinha feito acreditar que ele era filho do pai, e a irmã, da mãe, e esse vínculo mais próximo com o pai lhe tinha sido precioso. Agora ele ouvia que Maria era a genitora de Deus. Então as crianças vinham da mulher, e o que a Nânia havia dito não se sustentava. Além disso, os relatos o deixaram confuso quanto ao verdadeiro pai de Cristo. Estava inclinado a crer que era José, pois sabia que sempre viveram juntos, mas a Nânia disse que José apenas fazia de pai, o verdadeiro era Deus. Ele não soube o que achar disso. Compreendia apenas o seguinte: se era possível mesmo discutir a questão, a relação entre pai e filho não era tão íntima como ele havia sempre imaginado.

O garoto de certo modo intuiu a ambivalência afetiva para com o pai, subjacente a todas as religiões, e atacou sua religião devido ao afrouxamento desse vínculo com o pai. Naturalmente sua oposição logo deixou de ser uma dúvida quanto à verdade da doutrina e se voltou diretamente contra a pessoa de Deus. Deus havia tratado seu filho de maneira dura e cruel, mas tampouco era melhor para com os homens. Havia sacrificado seu filho e exigido que Abraão fizesse o mesmo. Ele começou a temer Deus.

Se ele era Cristo, então seu pai era Deus. Mas o Deus que a religião lhe impunha não era um verdadeiro substituto para o pai que ele havia amado, e que não queria deixar que lhe roubassem. O amor a esse pai lhe proporcionou a agudeza crítica. Ele se opôs a Deus para poder se apegar ao pai, nisso defendendo na verdade o velho pai contra o novo. Teve que dar um difícil passo no desligamento do pai.

Portanto, foi do velho amor a seu pai, tornado manifesto na época mais remota, que ele tirou a energia para o combate a Deus e a perspicácia para a crítica da religião. Mas, por outro lado, essa hostilidade ao novo Deus também não era um ato original, tinha por modelo um impulso hostil contra o pai, surgido sob a influência do sonho angustiante, e no fundo era apenas uma revivescência dele. Os dois impulsos afetivos opostos, que deveriam reger toda a sua vida posterior, encontravam-se aqui na luta ambivalente em torno da religião. O que dessa luta resultou como sintoma, as ideias blasfemas, a compulsão de associar Deus — excremento, Deus — porco, era portanto um verdadeiro compromisso, como veremos na análise dessas ideias em sua relação com o erotismo anal.

Alguns outros sintomas obsessivos de gênero menos típico levam com igual certeza ao pai, mas também permitem perceber a relação entre a neurose obsessiva e as ocorrências anteriores.

O mandamento de respirar de modo solene, em determinadas condições, fazia parte do cerimonial de devoção com que ele expiava por fim suas blasfêmias. A cada vez que fazia o sinal da cruz ele tinha que inspirar profundamente ou expelir o ar com força. Em sua linguagem, alento era igual a espírito. Então esse era o papel do Espírito Santo. Ele tinha que inspirar o Espírito Santo ou expirar os espíritos maus acerca dos quais tinha lido e ouvido falar.[26] A esses espíritos maus ele atribuía também os pensamentos sacrílegos que lhe impunham tantas penitências. Mas ele era obrigado a expirar quando via mendigos, aleijados, pessoas feias, velhas, miseráveis, e essa compulsão ele não sabia conciliar com os espíritos. A única justificação que dava a si mesmo era que o fazia para não ficar como eles.

Então a análise proporcionou, em ligação com um sonho, o esclarecimento de que a expiração ao ver gente lastimável tinha começado apenas após os seis anos, e se ligava ao pai. Fazia meses que ele não via o pai quando a mãe disse que iria à cidade com as crianças e lhes mostraria algo que muito as alegraria. Ela os levou então a um sanatório, onde viram novamente o pai; ele parecia mal, e despertou pena no filho. Logo, o pai era também o modelo original de todos os pobres, aleijados, mendigos diante dos quais

26 Este sintoma, como ainda veremos, tinha se desenvolvido aos seis anos, quando ele já era capaz de ler.

ele tinha que expirar, assim como, em outros casos, é o modelo das caretas que são vistas em estados de angústia, e das caricaturas desenhadas por escárnio. Em outro lugar aprenderemos que essa atitude compassiva remonta a um detalhe particular da cena primária, que veio a atuar tardiamente na neurose obsessiva.

A resolução de não se tornar como eles, que motivou seu hábito de expirar diante dos aleijados, era portanto a velha identificação com o pai, transformada no negativo. Mas nisso ele copiava o pai também no sentido positivo, pois respirar fortemente era uma imitação do ruído que ele tinha escutado o pai emitir durante o coito.[27] O Espírito Santo devia a sua origem a este sinal de excitação sensual do homem. Através da repressão, o respirar tornou-se espírito mau, para o qual havia também uma outra genealogia, isto é, a malária, da qual ele sofria na época da cena primária.

A rejeição desses maus espíritos correspondia a um traço inconfundivelmente ascético, que se manifestou ainda em outras reações. Ao ouvir dizer que Cristo havia esconjurado maus espíritos, fazendo-os entrar em porcos que se lançaram num abismo, ele pensou em como sua irmã, sendo muito pequena e antes que ele tivesse recordação, havia caído, rolando até a praia, do caminho entre as escarpas do porto. Também ela era um espírito mau e um porco; daí até o Deus-porco a distância era curta. O próprio pai se revelara igualmente dominado pela sensualidade. Quando ouviu a história do primeiro homem, chamou-lhe a atenção a similaridade entre o seu destino e o de Adão. Em conversa com a Nânia, admirou-se hipocritamente de que Adão se deixasse conduzir à desgraça por uma mulher, e prometeu à Nânia que jamais casaria. A hostilidade à mulher, devido à sedução pela irmã, encontrou forte expressão por esse tempo. Ela ainda perturbaria bastante a sua

27 Pressupondo a natureza real da cena primária!

futura vida amorosa. A irmã se tornou para ele a personificação duradoura da tentação e do pecado. Quando confessava, achava-se puro e livre de pecado. Mas então lhe parecia que a irmã espreitava para novamente fazê-lo pecar, e antes que se desse conta havia provocado uma briga com ela, o que o tornava novamente pecador. Desse modo era obrigado a reproduzir sempre de novo o evento da sedução. Notemos de passagem que ele jamais confessou os pensamentos sacrílegos, por mais que o oprimissem.

Inadvertidamente chegamos ao conjunto de sintomas dos anos posteriores da neurose obsessiva, e assim, deixando de lado muito do que houve no meio-tempo, vamos relatar o seu desfecho. Já sabemos que, não considerando o seu estado permanente, ela experimentava intensificações ocasionais; certa vez, o que ainda não pode ser claro para nós, quando morreu um garoto da mesma rua, com o qual ele pôde se identificar. Aos dez anos de idade foi confiado a um preceptor alemão, que logo adquiriu grande influência sobre ele. É instrutivo que toda a sua grave devoção desaparecesse para nunca mais voltar, ao perceber, e depois ouvir em conversas esclarecedoras com o professor, que este substituto do pai não dava nenhum valor à devoção e não acreditava absolutamente na verdade da religião. A devoção decaiu com a dependência do pai, agora substituído por um pai novo, mais acessível. Isto não aconteceu, entretanto, sem uma última revivescência da neurose obsessiva, da qual lembrava especialmente a compulsão de pensar na Santíssima Trindade, toda vez que via na rua três montinhos de excremento. Pois ele nunca cedia a um estímulo sem fazer mais uma tentativa de manter o que fora desvalorizado. Quando o professor o dissuadiu das crueldades com pequenos animais, ele realmente pôs fim a esses malfeitos, mas não sem antes entregar-se uma vez mais ao despedaçamento de lagartas. No tratamento psicanalítico ele se comportava exatamente assim, ao desenvolver uma "reação negativa" passageira; depois de cada

O HOMEM DOS LOBOS

solução decisiva, ele procurava por um momento negar o seu efeito, mediante um agravamento do sintoma resolvido. Sabe-se que em geral as crianças se comportam dessa maneira diante das proibições. Se ouvem uma reprimenda, por causa de um barulho intolerável que fazem, por exemplo, repetem-no ainda uma vez após a proibição, antes de parar com ele. Assim demonstram haver parado por vontade própria e desafiado a proibição.

Sob influência do professor alemão originou-se uma nova e melhor sublimação do seu sadismo, que, correspondendo à puberdade próxima, veio a predominar sobre o masoquismo. Ele começou a se entusiasmar por coisas militares, por uniformes, armas e cavalos, e a partir delas alimentou constantes devaneios. Assim, sob a influência de um homem ele se livrou das atitudes passivas e se encontrou de início numa via razoavelmente normal. Um efeito posterior de seu apego ao mestre, que logo o abandonou, foi que em sua vida adulta ele preferia o elemento alemão (médicos, sanatórios, mulheres) àquele nativo (representando o pai), algo que facilitou bastante a transferência na terapia.

Do tempo da emancipação através do professor há um outro sonho, que menciono porque estava esquecido até a emergência durante a terapia. Ele se via montando a cavalo, perseguido por uma lagarta gigantesca. No sonho reconheceu uma alusão a outro, da época anterior ao professor, que muito tempo antes havíamos interpretado. Nesse sonho anterior ele via o diabo em vestes negras, e na postura erguida com que o lobo e o leão o haviam apavorado tanto. Com o dedo estendido, apontava para um enorme caracol. Logo percebeu que esse diabo era o demônio de um conhecido poema, que o próprio sonho era a elaboração de uma imagem bem difundida, que representava o demônio numa cena amorosa com uma mulher. O caracol, no lugar da mulher, era um refinado símbolo sexual feminino. Guiados pelo gesto demonstrativo do diabo, logo pudemos indicar, como sentido do sonho, que ele ansiava por alguém que lhe desse os ensinamentos que faltavam sobre os enigmas do ato sexual, tal como o pai lhe dera os primeiros na cena primária.

Acerca do outro sonho, em que o símbolo feminino era substituído pelo masculino, ele se lembrou de uma determinada experiência vivida pouco antes. Andando a cavalo pela fazenda, passou por um camponês que dormia, junto ao qual estava o filho. Este acordou o pai e lhe disse algo, ao que ele começou a xingar e a perseguir o cavaleiro, que se afastou rapidamente em seu cavalo. Teve também a recordação de que na mesma propriedade havia árvores que eram completamente brancas, inteiramente cobertas pelo fio das lagartas. Compreendemos que ele também fugia da realização da fantasia de que o filho dormisse com o pai, e que recorreu às árvores brancas para produzir uma alusão ao angustiante sonho dos lobos brancos na nogueira. Era então uma irrupção direta da angústia ante a postura feminina diante do homem, da qual ele primeiramente havia se protegido pela sublimação religiosa e da qual logo deveria se proteger, de modo ainda mais eficaz, pela sublimação militar.

Mas seria um grande erro supor que após a remoção dos sintomas obsessivos não teriam restado efeitos duradouros da neurose obsessiva. O processo tinha levado a uma vitória da fé beata sobre a revolta inquiridora e crítica, e havia tido como pressuposto a repressão da postura homossexual. Desvantagens permanentes resultaram de ambos os fatores. A atividade intelectual permaneceu gravemente prejudicada, a partir dessa primeira grande derrota. Não se desenvolveu nenhum afã de aprender, não mais se mostrou a perspicácia que na tenra idade de cinco anos havia dissecado as teorias da religião. A repressão da forte homossexualidade, sucedida durante aquele sonho angustiado, reservou para o inconsciente esse impulso importante, e assim o manteve dirigido para a meta original e o subtraiu a todas as sublimações a que ele normalmente se oferece. Por isso faltavam

O HOMEM DOS LOBOS   73

ao paciente todos os interesses sociais que dão conteúdo à vida. Somente quando, no tratamento analítico, se chegou à liberação dessa homossexualidade agrilhoada, esse estado de coisas pôde mudar para melhor, e foi notável presenciar como — sem exortação do médico — cada parcela liberada da libido homossexual buscava alguma aplicação na vida e alguma adesão aos grandes negócios comuns aos seres humanos.

7. Erotismo anal e complexo da castração

Peço ao leitor para lembrar que essa história de uma neurose infantil me veio como produto secundário, por assim dizer, durante a análise de uma doença na idade madura. Então tive que juntá-la a partir de fragmentos ainda menores do que os que normalmente se oferecem para a síntese. Esse trabalho, que de resto não é difícil, depara com um limite natural, quando se trata de confinar uma formação pluridimensional ao plano da descrição. Devo portanto me contentar em trazer pedaços avulsos, que o leitor poderá reunir em um todo vivente. A neurose obsessiva apresentada nasceu, como se enfatizou repetidamente, no solo de uma constituição sádico-anal. Mas até agora discutimos apenas um fator principal, o sadismo e suas transformações. Tudo referente ao erotismo anal foi propositadamente deixado de lado, para ser exposto aqui.

Os analistas há muito estão de acordo em que os diversos impulsos instintuais reunidos sob o nome de erotismo anal têm uma significação extraordinária, impossível de ser superestimada, na construção da vida sexual e da própria atividade psíquica. E igualmente que uma das mais relevantes manifestações do erotismo transformado procedente dessa fonte se acha no tratamento dispensado ao dinheiro, material precioso que no curso da vida atrai para si o interesse psíquico que originalmente cabia ao excremento, o produto da zona anal. Estamos acostumados a referir ao prazer com excrementos o interesse por dinheiro, na medida em que seja de natureza libidinal e não racional, e a exigir da pessoa normal que mantenha sua relação com o dinheiro totalmente livre de influências libidinais, regulando-a segundo considerações da realidade.

Em nosso paciente essa relação estava, na época de sua doença ulterior, perturbada em medida particularmente grave, o que não desempenhava papel pequeno em sua falta de autonomia e incapacidade para a vida. Como herdeiro do pai e de um tio ele se tornara muito rico, ostensivamente dava muito valor a que o vissem como tal, e podia se ofender bastante, caso o subestimassem nesse aspecto. Mas não sabia quanto possuía, o que gastava e quanto restava. Era difícil dizer se deveria ser chamado de avarento ou de perdulário. Ora se comportava de um modo, ora de outro, nunca de maneira que indicasse uma intenção coerente. Por alguns traços evidentes que relatarei abaixo, ele poderia ser visto como um ricaço empedernido, que enxerga na riqueza a maior vantagem de sua pessoa e não permite que os interesses afetivos tenham lugar junto aos pecuniários. Mas ele não julgava os outros conforme a riqueza, e em muitas ocasiões mostrava-se modesto, solícito e compassivo. O dinheiro se subtraíra ao seu controle consciente, significando alguma coisa mais para ele.

Já mencionei (p. 22) que me pareceu estranho o modo como ele se consolou da perda da irmã, que havia se tornado sua mais próxima companhia nos últimos anos: refletiu que não mais precisava dividir a herança da família com ela. Talvez ainda mais notável foi a tranquilidade com que ele pôde relatar isso, como se não tivesse compreensão da crueza de sentimentos que revelava. É certo que a análise o reabilitou, ao mostrar que a dor pela irmã tinha sofrido apenas um deslocamento, mas então se tornou mesmo incompreensível que ele quisesse encontrar na riqueza um substituto para a irmã.

Sua conduta em outro caso pareceu enigmática a ele mesmo. Depois da morte do pai, a fortuna deixada foi dividida entre ele e a mãe. Ela administrou esse legado e, como ele próprio admitiu, atendeu às suas exigências pecuniárias de modo irrepreensível e generoso. No entanto, cada conversa que tinham sobre questões de dinheiro costumava terminar com as mais violentas recriminações de sua parte: que ela não o amava, que pensava em poupar à custa dele, que provavelmente preferia vê-lo morto, para dispor sozinha do dinheiro. Então a mãe protestava chorando o seu desinteresse, ele sentia vergonha e podia assegurar, corretamente, que não pensava aquilo dela, mas estava seguro de que na próxima ocasião repetiria a mesma cena.

Que para ele as fezes tinham significação de dinheiro, muito antes da análise, é algo que ressalta de muitos incidentes, dos quais relatarei dois. Numa época em que o intestino ainda não contribuía para seu sofrimento, ele visitou certa vez, numa grande cidade, um primo pobre. Ao partir, recriminou a si mesmo por não ajudar com dinheiro esse parente, e imediatamente sentiu "talvez a mais forte necessidade de evacuar de sua vida". Dois anos depois, estabeleceu de fato uma pensão para esse primo. O outro caso: Aos dezoito anos, enquanto se preparava para os exames finais do secundário, visitou um colega e acertou com ele o que o medo comum de ser reprovado fazia parecer aconselhável.[28] Tinham resolvido subornar o bedel, e a parte dele na quantia a ser juntada era natu-

---

28 O paciente informou que em sua língua materna não se usa, como em alemão, a palavra *Durchfall* para designar as perturbações do intestino. [Freud se refere ao duplo sentido do termo alemão: "diarreia" ou "reprovação em exame"; o verbo *durchfallen* significa literalmente "cair através de".]

ralmente a maior. No caminho de casa ele pensou que de boa vontade daria mais ainda se fosse aprovado, se nada lhe acontecesse no exame, e realmente lhe aconteceu outro infortúnio antes que ele chegasse à porta da casa.[29]

Já estamos preparados para saber que em sua doença da época adulta ele sofria de tenazes distúrbios da função intestinal, que no entanto oscilavam conforme as circunstâncias. Quando começou o tratamento comigo, ele havia se acostumado a lavagens que um acompanhante lhe fazia; evacuações espontâneas não sucediam durante meses, caso não interviesse uma repentina excitação de uma direção determinada, em consequência da qual podia se restabelecer por alguns dias a atividade normal do intestino. Sua principal queixa era que o mundo, para ele, estava envolto num véu, ou que ele estava separado do mundo por um véu. Esse véu se rompia somente no instante em que, após uma lavagem, o intestino era aliviado de seu conteúdo; então ele se sentia novamente sadio e normal.[30]

O colega ao qual enviei o paciente, a fim de opinar sobre sua condição intestinal, foi lúcido o bastante para defini-la como funcional, ou mesmo psiquicamente determinada, e abster-se de medicação ativa. Tampouco a dieta prescrita teve qualquer utilidade. Nos anos do tratamento analítico, não houve nenhuma evacuação espontânea (sem considerar aquelas influências repentinas). O doente se convenceu de que todo tratamento mais intensivo do órgão teimoso pioraria o seu estado, e satisfez-se com produzir uma evacuação ou duas por semana, por meio de lavagem ou laxativo.

---

29 Na língua materna do paciente, essa expressão tem o mesmo sentido que em alemão. [Segundo Strachey, é um eufemismo para a defecação.]

30 Não havendo diferença se um outro fazia a lavagem ou se ele próprio cuidava disso.

Discutindo as desordens intestinais do paciente, dediquei mais espaço à condição patológica de sua idade adulta do que caberia no plano de um trabalho que se ocupa de sua neurose infantil. Duas razões foram determinantes nisso: primeiro, os sintomas do intestino haviam de fato prosseguido, com bem pouca mudança, da neurose infantil até aquela posterior; segundo, tiveram papel capital na finalização do tratamento.

Sabe-se que importância tem a dúvida para o médico que analisa uma neurose obsessiva. É a arma mais poderosa do doente, o meio predileto de sua resistência. Essa mesma dúvida permitiu também a nosso paciente, entrincheirado numa indiferença respeitosa, fazer que durante anos resvalassem por ele os esforços da terapia. Nada mudava, e não havia meio de convencê-lo. Por fim reconheci a importância do distúrbio intestinal para os meus propósitos; ele representava a porção de histeria que regularmente se encontra na base de uma neurose obsessiva. Prometi ao paciente a plena recuperação de sua atividade intestinal, e por meio dessa promessa tornei clara a sua descrença. Tive então a satisfação de ver desaparecer sua dúvida quando o intestino começou a "participar" do trabalho, como um órgão histericamente afetado, e no curso de poucas semanas reencontrou sua função normal, que havia muito se achava afetada.

Volto agora à infância do paciente, a um tempo em que era impossível que o excremento pudesse ter para ele a significação de dinheiro.

Desordens intestinais lhe surgiram bastante cedo, sobretudo a mais frequente e mais normal na criança, a incontinência. Mas sem dúvida teremos razão se recusarmos uma explicação patológica para essas primeiras ocorrências, e nelas enxergarmos apenas uma prova da sua intenção de não deixar que lhe perturbassem ou impedissem o prazer associado à função de evacuar. Nele se mantivera, até depois do começo da doença adulta, um intenso gosto por piadas e exibições anais, que aliás corresponde à rudeza natural de algumas classes sociais.

No tempo da governanta inglesa sucedeu repetidamente que ele e a Nânia tivessem que partilhar o quarto daquela pessoa odiada. A Nânia teve a perspicácia de constatar que justamente nessas noites ele fazia na cama, o que normalmente já não mais ocorria. Ele não se envergonhava nem um pouco disso; era uma manifestação de desafio à governanta.

Um ano depois (aos quatro e meio), no período de angústia, aconteceu-lhe sujar as calças durante o dia. Envergonhou-se terrivelmente e se lastimou, enquanto o limpavam, dizendo que "não podia mais viver assim". Portanto, algo havia mudado no meio-tempo, algo que encontramos ao seguir a pista de seu lamento. Verificou-se que as palavras "não podia mais viver assim", ele as tinha escutado de outra pessoa. Certa vez[31] sua mãe o levara consigo, ao deixar na estação o médico que a tinha visitado. No caminho ela se lamentou de suas dores e hemorragias, usando as mesmas palavras: "Assim não posso mais viver", sem esperar que o menino que conduzia pela mão as conservasse na memória. O lamento, que aliás ele repetiria inúmeras vezes, em sua enfermidade adulta, significava então... uma identificação com a mãe.

Um elo intermediário entre os dois incidentes, que faltava cronologicamente e quanto ao conteúdo, logo se apresentou à sua lembrança. No início de seu período de angústia ocorreu que a mãe, preocupada, advertiu para que se protegessem as crianças da disenteria que aparecera nos arredores. Ele se informou sobre o que era aquilo e, ao ouvir que na disenteria se achava sangue nas fezes, ficou bastante angustiado e disse que também nas suas fezes ha-

---

31 Não foi determinado mais precisamente quando, mas de todo modo antes do sonho angustiado aos quatro anos, provavelmente antes da viagem dos pais.

via sangue; sentiu medo de morrer de disenteria, mas convenceu-se, pelo exame, de que havia se enganado e nada tinha a temer. Compreendemos que nessa angústia queria se impor a identificação com a mãe, de cujas hemorragias ele ouvira falar na conversa com o médico. Em sua tentativa posterior de identificação (com quatro anos e meio) ele deixou de lado o sangue; não se compreendia mais, julgava ter vergonha de si mesmo e não sabia que fora abalado pela angústia da morte, que no entanto se revelou inequivocamente em seu lamento.

A mãe, que sofria do baixo-ventre, naquele tempo sentia angústia por si mesma e pelas crianças; é bem provável que a angústia dele se apoiasse, além de seus motivos próprios, na identificação com a mãe.

E o que deveria significar a identificação com a mãe?

Entre o uso atrevido da incontinência, aos três anos e meio, e o horror diante dela, aos quatro anos e meio, está o sonho com que principiou a época de angústia, que lhe deu compreensão retrospectiva da cena vivenciada com um ano e meio[32] e esclarecimento sobre o papel da mulher no ato sexual. Daí é um passo para ligar também a mudança no comportamento para com a defecação a essa grande alteração. Para ele, disenteria era sem dúvida o nome da doença de que tinha ouvido a mãe se queixar, com a qual não era possível viver; a doença da mãe, para ele, não era do ventre, mas do intestino. Sob influência da cena primária, revelou-se para ele o nexo segundo o qual a mãe tinha adoecido em razão daquilo que o pai lhe fizera,[33] e sua angústia de ter sangue nas fezes, de ser tão doente como a mãe, era o repúdio da identificação com a mãe naquela cena sexual, a mesma recusa com que ele despertara do sonho. Mas a angústia era também a prova de que na posterior elaboração da cena primária ele se pusera no lugar

32 Ver acima, p. 45.
33 No que provavelmente ele não se enganava.

da mãe, invejando-lhe essa relação com o pai. O órgão em que se podia manifestar a identificação com a mulher, a atitude passiva homossexual diante do homem, era a zona anal. As perturbações na função dessa zona tinham agora o significado de impulsos de ternura femininos, e o conservaram também durante a doença posterior.

Neste lugar temos que ouvir uma objeção, cujo exame poderá contribuir muito para elucidar esta situação aparentemente confusa. Tivemos de supor que durante o sonho ele entendera que a mulher era castrada, que tinha no lugar do membro masculino uma ferida que servia para o ato sexual, que a castração era a condição para a feminilidade, e que devido à ameaça dessa perda ele reprimira a atitude feminina diante do homem e despertara com angústia do entusiasmo homossexual. Como harmonizar essa compreensão do ato sexual, esse reconhecimento da vagina, com a escolha do intestino para identificação com a mulher? Os sintomas intestinais não se baseiam na concepção provavelmente mais antiga, que contradiz inteiramente a angústia de castração, de que o ânus é o lugar da relação sexual?

Certamente existe essa contradição, e as duas concepções não se harmonizam em absoluto. A questão é apenas se elas necessitam se harmonizar. Nossa estranheza vem de que sempre nos inclinamos a tratar os processos anímicos inconscientes tal como os conscientes, e a esquecer as diferenças profundas entre os dois sistemas psíquicos.

Quando a excitada expectativa do sonho de Natal lhe fez surgir a imagem da relação sexual outrora observada (ou construída) entre os pais, certamente se apresentou primeiro a antiga concepção do ato, segundo a qual a parte do corpo da mulher que recebia o membro era o ânus. E que mais poderia ele supor, sendo espectador dessa cena com um ano e meio?[34] Mas então veio o novo

---

34 Ou enquanto não compreendia o coito entre os cães.

acontecimento, aos quatro anos de idade. Suas experiências desde então, as referências à castração que ouvira, despertaram e lançaram dúvida sobre a "teoria da cloaca", aproximaram-no ao conhecimento da diferença entre os sexos e do papel sexual da mulher. Ele se comportou nisso como se comportam em geral as crianças, ao obter uma explicação indesejada — sexual ou de outro tipo. Rejeitou o que era novo — em nosso caso por motivo da angústia de castração — e apegou-se ao velho. Decidiu-se pelo intestino e contra a vagina, assim como, por motivos semelhantes, depois veio a tomar partido contra Deus e a favor do pai. A nova explicação foi afastada, a velha teoria mantida; esta deve ter fornecido o material para a identificação com a mulher, que depois surgiu como medo da morte por doença intestinal, e para os primeiros escrúpulos religiosos: de saber se Cristo tinha traseiro etc. Não que a nova percepção não tivesse efeito; muito pelo contrário, desencadeou um efeito extraordinariamente forte, ao se tornar o motivo para manter na repressão e excluir de posterior elaboração consciente todo o processo do sonho. Mas aí se esgotava o seu efeito; não tinha influência na decisão do problema sexual. Era por certo uma contradição que, a partir desse momento, pudessem coexistir angústia de castração e identificação com a mulher mediante o intestino, mas era apenas uma contradição lógica, o que não quer dizer muito. Todo o processo é agora característico do modo como o inconsciente trabalha. Uma repressão é algo diferente de uma rejeição.

Estudando a gênese da fobia de lobos, acompanhamos o efeito da nova percepção do ato sexual; mas, agora que investigamos as perturbações da atividade intestinal, achamo-nos no terreno da velha teoria da cloaca. Os dois pontos de vista permanecem separados por um estágio da repressão. A postura feminina diante do homem, descartada pelo ato de repressão, como que se retira para os sintomas intestinais, manifestando-se nas frequentes diarreias, constipações e dores intestinais da infância. As fantasias sexuais posteriores, que estão baseadas num correto conhecimento sexual, podem manifestar-se regressivamente como desordens intestinais. Mas não as compreendemos enquanto não descobrimos a mudança de significado que teve o excremento desde os primeiros dias da infância.[35]

Numa passagem anterior, dei a entender que foi deixado de lado um fragmento da cena primária, que agora posso apresentar. O menino interrompeu afinal a união dos pais por meio de uma evacuação, que lhe deu motivo para gritar. Tudo o que eu trouxe antes à discussão, a respeito do conteúdo restante da mesma cena, vale para a crítica desse complemento. O paciente aceitou esse ato final por mim construído, e pareceu confirmá-lo por uma "formação de sintoma passageiro". Um outro complemento que eu havia sugerido, de que o pai desafogara o seu descontentamento com a interrupção através de insultos, teve de ser abandonado. O material da análise não reagiu a ele.

O detalhe que agora acrescentei não pode, naturalmente, ser colocado na mesma linha que o conteúdo restante da cena. Nele não temos uma impressão de fora, cujo retorno se espera em muitos sinais posteriores, mas uma reação da própria criança. Nada mudaria na história toda se essa manifestação não tivesse ocorrido, ou se tivesse sido colocada no decurso da cena a partir de um instante posterior. Mas não há dúvida quanto ao modo de apreendê-la. Significa um estado de excitação da zona anal (no sentido mais amplo). Em outros casos semelhantes uma tal observação do ato sexual terminou com uma descarga de urina; em circunstâncias iguais, um homem adulto experimentaria uma ereção. O fato de nosso rapazinho evacuar o intestino, como sinal de sua excitação sexual, deve ser julgado como característica de sua cons-

---

35 Cf. "Sobre transformações do instinto" etc. (1917).

tituição sexual congênita. Ele assume de imediato uma atitude passiva, revela mais inclinação a se identificar posteriormente com a mulher do que com o homem.

Ele utiliza o conteúdo do intestino como faz toda criança, em um de seus primeiros e mais primitivos significados. O excremento é o primeiro presente, a primeira oferenda de ternura da criança, uma parte do próprio corpo de que ela se despoja, mas apenas para alguém que ama.[36] A utilização para o desafio, como fez nosso paciente aos três anos e meio contra a governanta, é apenas a versão negativa desse velho sentido de presente. O *grumus merdae* [monte de merda] que os assaltantes deixam no lugar do crime parece significar ambas as coisas: o escárnio e a reparação expressa de modo regressivo. Sempre que um estágio mais alto é atingido, o anterior ainda pode encontrar utilização em sentido negativo e rebaixado. A repressão acha expressão na antítese.[37]

Num estágio posterior do desenvolvimento sexual, as fezes adquirem o significado de *bebê*. Pois o bebê nasce pelo ânus, como as fezes. A significação do excremento como presente admite com facilidade essa transformação. A criança é designada como "um presente" na linguagem comum; diz-se com frequência que a mulher "deu um fi-

36 Acredito ser fácil confirmar que os bebês lactantes sujam de fezes apenas as pessoas que conhecem e amam; para eles, os estranhos não são dignos dessa distinção. Nos *Três ensaios de uma teoria da sexualidade* mencionei a primeiríssima utilização das fezes para a excitação autoerótica da mucosa intestinal; a isto acrescento, como um passo adiante, que para a defecação é decisivo tomar em consideração um objeto diante do qual a criança é obediente ou agradável. Esta relação tem continuidade, pois também a criança mais velha só admite ser posta no vaso sanitário, ou socorrida ao urinar, por algumas pessoas privilegiadas; mas nisso há outros propósitos de satisfação a levar em conta.

37 Sabe-se que no inconsciente não existe "não"; os opostos coexistem. A negação é introduzida apenas pelo processo da repressão.

lho" ao homem, mas no uso do inconsciente é considerado igualmente, com justiça, o outro lado da relação: que a mulher "recebeu" o filho como presente do homem.

A significação do excremento como dinheiro deriva do significado de presente, indo em outra direção.

A antiga lembrança encobridora de nosso doente, segundo a qual ele produziu o primeiro ataque de fúria porque não tinha recebido presentes bastantes no Natal, revela agora o seu sentido mais profundo. Aquilo de que ele sentia falta era a satisfação sexual, que apreendera como anal. Antes do sonho a sua pesquisa sexual estava preparada para saber, e no curso do sonho havia chegado a compreender, que o ato sexual resolvia o enigma da procedência dos bebês. Já antes do sonho ele não gostava de bebês. Certa vez encontrou um filhote de pássaro ainda sem penas, que caíra do ninho; tomou-o por um pequenino ser humano e se horrorizou com ele. A análise demonstrou que todos os pequenos bichos, insetos, lagartas, em que descarregava sua fúria, haviam tido o significado de bebês para ele.[38] Sua ligação com a irmã mais velha lhe dera oportunidade de refletir muito sobre a relação das crianças mais velhas com as mais novas; quando a Nânia lhe disse uma vez que a mãe o amava tanto porque era o menor, teve um motivo palpável para desejar que nenhum filho mais novo o sucedesse. O medo desse novo bebê foi então reanimado sob a influência do sonho que a união sexual dos pais lhe apresentou.

Devemos então agregar uma nova corrente sexual às que já conhecemos, uma que, como as outras, nasce da cena primária reproduzida no sonho. Na identificação com a mulher (a mãe) ele está disposto a presentear o pai com um filho, e tem ciúmes da mãe que já fez isso e talvez o faça de novo.

---

38 Igualmente os insetos nocivos, que em sonhos e fobias correspondem frequentemente aos bebês.

O HOMEM DOS LOBOS

85

Pelo rodeio através do ponto de confluência que é a significação de presente, o dinheiro pode revestir a significação de criança, e dessa forma tomar para si a expressão da satisfação feminina (homossexual). Esse processo efetuou-se em nosso paciente quando viu certa vez, num tempo em que os dois irmãos estavam numa casa de saúde alemã, o pai dar duas grandes notas de dinheiro à irmã. Em sua fantasia, ele sempre suspeitara do pai com a irmã; naquele instante seu ciúme despertou, ele precipitou-se sobre a irmã, quando estavam sós, e exigiu sua parte do dinheiro com tal arrebatamento e tais recriminações que ela lhe jogou tudo chorando. Não tinha sido apenas o dinheiro real que o irritara, mas antes de tudo a criança, a satisfação sexual anal pelo pai. Com esta ele pôde então se consolar, quando — o pai ainda vivo — morreu a irmã. Seu pensamento revoltante, à notícia da morte da irmã, não significava outra coisa senão: "Agora sou o único filho, agora o pai deve gostar apenas de mim". Esta reflexão, perfeitamente suscetível de chegar à consciência, tinha porém um fundo homossexual tão intolerável que o seu travestimento em sórdida avareza foi tornado possível como um grande alívio.

Algo parecido ocorreu depois da morte do pai, quando ele fez aquelas injustas recriminações à mãe: de que ela queria fraudar-lhe o dinheiro, de que amava mais ao dinheiro que a ele. O velho ciúme de ela ter amado outro filho além dele, a possibilidade de haver desejado outro filho depois dele, arrastavam-no a incriminações cuja impropriedade ele mesmo reconhecia.

Esta análise da significação das fezes nos torna claro, agora, que os pensamentos obsessivos que o levavam a estabelecer relação entre Deus e excremento significavam ainda outra coisa além da injúria que ele percebia neles. Eram autênticos produtos de compromisso, nos quais participavam tanto uma corrente terna, dedicada, como uma outra hostil, insultuosa. "Deus-fezes" [*Gott-Kot*] era provavelmente a abreviação de um oferecimento que também se ouve na vida diária, em forma não abreviada. "Cagar em Deus", "cagar uma coisa para Deus" [*auf Gott scheißen, Gott etwas scheißen*] significa também dar a Ele de presente um filho, fazer Ele dar de presente um filho. A velha significação de presente, negativamente rebaixada, e a significação de criança, depois desenvolvida a partir dela, se acham combinadas nos termos obsessivos. Na última se exprime uma ternura feminina, a disposição de renunciar à própria masculinidade, se em troca puder ser amado como mulher. Ou seja, o mesmo sentimento em relação a Deus que é expresso em termos inequívocos no sistema delirante do paranoico desembargador Schreber.

Quando eu relatar a última resolução de sintoma de meu paciente, mais uma vez se mostrará como o distúrbio no intestino havia se colocado a serviço da corrente homossexual e expressado a atitude feminina para com o pai. Um novo significado do excremento deve agora nos abrir o caminho para uma discussão do complexo ligado à castração.

Na medida em que estimula a mucosa intestinal erógena, a coluna de excremento tem o papel de um órgão ativo dentro dela, comporta-se como o pênis em relação à mucosa vaginal e torna-se como que a precursora dele no período da cloaca. A entrega do excremento em favor (por amor) de alguém se torna, por sua vez, o modelo da castração, é o primeiro caso da renúncia a um pedaço do próprio corpo,[39] para ganhar o favor de alguém que se ama. De modo que o amor ao próprio pênis, narcísico em outros aspectos, não dispensa uma contribuição do erotismo anal. O excremento, a criança e o pênis formam portanto uma unidade, um conceito inconsciente — *sit venia verbo* [com permissão da palavra] —, o do pequeno separável do corpo. Por essas vias de ligação podem se

---

39 Assim o excremento é tratado pela criança.

O HOMEM DOS LOBOS

efetuar deslocamentos e intensificações do investimento libidinal, que têm importância para a patologia e que são desvendados pela análise.

Já nos é conhecida a atitude inicial do paciente para com o problema da castração. Ele a rejeitou e se ateve ao ponto de vista da união pelo ânus. Ao dizer que a rejeitou, o significado imediato da expressão é que não quis saber dela, no sentido de que a reprimiu. Com isso não se pronunciava um juízo sobre a sua existência, mas era como se não existisse. Mas essa postura não podia ser a definitiva, nem mesmo no período de sua neurose infantil. Depois se encontram boas provas de que ele havia reconhecido a castração como um fato. Também nesse ponto ele se comportou como era peculiar à sua natureza, o que nos dificulta extraordinariamente a exposição e a empatia. Primeiro ele se rebelou e depois cedeu, mas uma reação não suprimiu a outra. Afinal coexistiam nele duas correntes opostas, das quais uma abominava a castração, e a outra se dispunha a aceitá-la e consolar-se com a feminilidade como substituto. A terceira, a mais antiga e profunda, que simplesmente rejeitara a castração, em que o juízo sobre a sua realidade não chegou à consideração, ainda podia certamente ser ativada. Desse mesmo paciente eu já comuniquei, em outro lugar,[40] uma alucinação que teve aos cinco anos de idade, à qual apenas aditarei aqui um breve comentário:

Quando eu tinha cinco anos de idade, brincava no jardim ao lado de minha babá e com meu canivete fazia um corte na casca de uma das nogueiras[41] que também

---

40 "Sobre *fausse reconnaissance* ('*déjà raconté*') durante o trabalho psicanalítico" [1914].

41 Correção num relato posterior: "Creio que não fiz corte na árvore. É uma confusão com outra lembrança, que também deve ter sido falsificada por alucinação, de ter feito um corte com a faca numa árvore e *sangue* ter saído então da árvore".

aparecem no meu sonho.[42] De repente notei, com terror indizível, que havia cortado o dedo mínimo da mão (direita ou esquerda?), de forma que ele estava preso somente pela pele. Não sentia nenhuma dor, mas uma grande angústia. Não me atrevi a dizer nada à babá, que estava a poucos passos de distância; caí sobre o banco mais próximo e lá fiquei sentado, incapaz de olhar uma vez mais para o dedo. Finalmente me tranquilizei, dei uma olhada no dedo, e vi que estava ileso.

Sabemos que aos quatro anos e meio, após a instrução na História Sagrada, nele teve início aquele intenso trabalho de pensamento que resultou na devoção religiosa obsessiva. Podemos então supor que essa alucinação é do período em que ele se decidiu pelo reconhecimento da realidade da castração, e que ela talvez marcasse justamente esse passo. Também a pequena correção do paciente é de interesse. Se ele alucinou a mesma experiência apavorante que Tasso nos conta de seu herói Tancredo, em *Jerusalém libertada*, é justificável a interpretação de que também para meu pequeno paciente a árvore significava uma mulher. Nisso ele desempenhou então o papel do pai, e estabeleceu relação entre as hemorragias da mãe, que conhecia, e a castração das mulheres por ele reconhecida, a "ferida".

O estímulo para a alucinação do dedo cortado lhe foi dado, como ele relatou depois, pela história de um parente nascido com seis dedos no pé, que teve o membro excedente retirado com um machado. Então as mulheres não tinham pênis porque lhes era tirado ao nascer. Por esse caminho ele aceitou, na época da neurose obsessiva, o que já tinha aprendido no decorrer do sonho e ao mesmo tempo afastado pela repressão. Também a circuncisão ritual de Cristo, como dos judeus em geral, deve ter che-

---

42 Cf. "Sonhos com material de contos de fadas" [1913].

gado ao seu conhecimento, durante a leitura da história sagrada e as conversas sobre ela.

É indubitável que por essa época o pai se tornou a figura aterradora que ameaça castrar. O Deus cruel com o qual lutava então, que deixa os homens se tornarem culpados para depois castigá-los, que sacrifica seu próprio filho e os filhos dos homens, projetava seu caráter de volta sobre o pai, que ele, por outro lado, buscava defender contra esse Deus. Nesse ponto o menino tem um esquema filogenético a cumprir, e chega a realizá-lo, ainda que suas vivências pessoais não harmonizem com ele. As ameaças ou alusões à castração que ele experimentou haviam partido de mulheres,[43] mas isso talvez não adiasse por muito tempo o resultado final. Foi mesmo do pai que ele temeu por fim a castração. Aqui a hereditariedade prevaleceu sobre as vivências acidentais; na pré-história da humanidade foi certamente o pai que praticou a castração como punição, e depois a mitigou, reduzindo-a à circuncisão. Quanto mais longe ele foi na repressão da sensualidade,[44] no curso do processo da neurose obsessiva, tanto mais natural deve ter se tornado para ele revestir o pai, o autêntico representante da atividade sensual, de tais intenções más.

A identificação do pai com o castrador[45] foi significativa como fonte de intensa hostilidade inconsciente a ele,

---

43 Sabemos isso a respeito da Nânia, e ainda o ouviremos a respeito de outra mulher.

44 A evidência para isso está nas pp. 1-70.

45 Um dos sintomas mais aflitivos, e também mais grotescos, de sua vida adulta era a relação com qualquer alfaiate a quem encomendasse uma roupa, seu respeito e sua timidez ante essa pessoa elevada, suas tentativas de cativá-lo com desmesuradas gorjetas e seu desespero com o resultado do trabalho, não importando como saísse. [O termo alemão para "alfaiate" é *Schneider*, do verbo *schneiden*, "cortar", a partir do qual se formou também *beschneiden*, "circuncidar".]

elevada até o desejo de morte, e também dos sentimentos de culpa que a ela reagiam. Até aqui ele se comportava normalmente, isto é, como todo neurótico possuído de um complexo de Édipo positivo. O curioso é que também havia nele uma contracorrente, em que o pai era antes o castrado, e como tal provocava sua compaixão.

Na análise do cerimonial da respiração ao avistar mendigos, aleijados etc., pude mostrar que também esse sintoma remontava ao pai, do qual ele sentira pena, ao visitá-lo doente no sanatório. A análise permitiu acompanhar esse fio ainda mais longe. Num período bem cedo, provavelmente antes da sedução (aos três anos e meio), havia na propriedade um pobre diarista que tinha a tarefa de transportar a água para a casa. Ele não podia falar, supostamente porque lhe haviam cortado a língua. Era provavelmente um surdo-mudo. O pequeno gostava muito dele, e o lamentava de coração. Quando ele morreu, procurava-o no céu.[46] Esse foi, portanto, o primeiro aleijado do qual ele se compadeceu; segundo o contexto e o momento em que surgiu na análise, era sem dúvida um substituto do pai.

A análise associou a ele a recordação de outros serventes que eram simpáticos ao paciente, a respeito dos quais ele destacou que eram adoentados ou judeus (circuncisão!). Também o criado que o ajudou a se limpar depois do "infortúnio" aos quatro anos e meio era um judeu e tuberculoso, e gozava de sua compaixão. Todas essas pessoas pertencem à época anterior à visita ao pai no sanatório, ou seja, antes da formação do sintoma, que devia sobretudo, através da expiração, manter afastada a identificação com os que lamentava. A análise então recuou

---

46 Neste ponto me refiro a sonhos que ocorreram depois do sonho angustiado, mas ainda na primeira propriedade, e que representavam a cena do coito como um evento sucedido entre corpos celestes.

subitamente para a pré-história, em conexão com um sonho, e o fez produzir a afirmação de que no coito da cena primária havia observado o desaparecimento do pênis, se compadecido do pai por aquilo, e se alegrado com a reaparição do que acreditara perdido. Portanto, um novo impulso emocional, que mais uma vez partia dessa cena. A origem narcisista da compaixão, que a própria palavra testemunha, é aliás inconfundível nesse ponto.

8. Complementos ao período primordial — solução

Em muitas análises acontece, quando nos aproximamos do final, que repentinamente emerge um novo material de recordação, que até então foi mantido cuidadosamente oculto. Ou é feita uma observação singela, em tom indiferente, como se fosse algo supérfluo, à qual se junta, em outra ocasião, algo que faz o médico aguçar os ouvidos, e afinal se reconhece, naquela menosprezada migalha de recordação, a chave para os mais importantes segredos que a neurose do doente envolvia.

Já no início meu paciente havia contado uma lembrança do tempo em que sua conduta malcriada costumava reverter em angústia. Ele seguia uma borboleta bela e grande com listas amarelas, cujas grandes asas terminavam em apêndices pontudos — uma *Papilio machaon*, portanto. De repente o acometeu, quando a borboleta havia pousado numa flor, um medo aterrador do animal, e ele fugiu gritando.

Essa recordação voltava de tempos em tempos à análise e exigia uma explicação, o que por muito tempo não teve. No entanto, desde logo era de supor que tal pormenor não mantivera apenas por si um lugar na memória, mas como lembrança encobridora representava algo mais importante, com o qual se ligava de algum modo. Um dia ele falou que "borboleta", em sua língua, é *"bábuchka"*, "velha mãezinha"; as borboletas lhe pareciam mulheres e meninas, e os besouros e lagartas, meninos. Logo, naquela cena angustiante devia ser despertada a recordação de um ser feminino. Não esconderei que sugeri então a possibilidade de que as listas amarelas da borboleta tivessem lembrado listas semelhantes de uma roupa vestida por uma mulher. Digo isso apenas para mostrar, mediante um exemplo, como em geral é insuficiente a iniciativa do médico para a solução das questões levantadas, como é injusto responsabilizar a fantasia e a sugestão do médico pelos resultados da análise.

Num contexto bem diferente, alguns meses depois, o paciente fez a observação de que o abrir e fechar das asas da borboleta, quando ela estava pousada, havia produzido nele a impressão inquietante. Tinha sido como uma mulher ao abrir as pernas, disse ele, as pernas fazendo a figura de um v romano, a hora em que, como sabemos, já no seu tempo de menino, mas ainda então, costumava sobrevir um entristecimento de seu ânimo.

Era uma ideia que eu jamais teria, mas que adquiria valor pela consideração de que o processo associativo que desnudava tinha um caráter bastante infantil. A atenção das crianças, já notei com frequência, é atraída muito mais por movimentos que por formas em repouso, e frequentemente elas produzem associações com base na semelhança de movimento, que nós, adultos, negligenciamos ou ignoramos.

Depois disso, o pequeno problema descansou por algum tempo. Quero mencionar também a fácil conjectura de que os apêndices das asas da borboleta, pontudos ou em forma de bastão, poderiam ter o significado de símbolos genitais.

Um dia emergiu, de modo vago e tímido, uma espécie de lembrança, de que bem cedo, ainda antes da babá, teria havido uma menina babá, que o amava muito. Ela tinha o mesmo nome que sua mãe. Certamente ele retribuía sua ternura. Um primeiro amor esquecido, portanto. Mas concordamos em que devia ter acontecido algo que depois teria importância.

Em outra ocasião ele corrigiu sua lembrança. Ela não podia ter o mesmo nome que a mãe, isso tinha sido um erro dele, que naturalmente mostrava que na sua recordação ela se fundira com a mãe. O nome certo lhe ocorreu por um rodeio. Subitamente teve de pensar num depósito que havia na primeira propriedade, em que eram conservadas as frutas colhidas, e numa determinada espécie de pera de extraordinário sabor, grandes peras com listas amarelas na casca. Em sua língua materna, "pera" se diz *"grucha"*, e esse era também o nome da garota.

Então se tornou claro que por trás da lembrança encobridora da borboleta encontrada se escondia a memória da menina babá. As listas amarelas não estavam em seu vestido, porém, mas na pera que era seu nome. E de onde vinha a angústia na ativação da lembrança? A relação mais próxima, tosca, seria que nessa garota ele viu pela primeira vez, ainda quando bebê, os movimentos das pernas que guardou com o sinal do v romano, movimentos que permitem acesso aos genitais. Nós nos poupamos de fazer essa relação e esperamos por mais material.

Logo depois veio a lembrança de uma cena, incompleta, mas definida no que dela se conservava. Grucha estava no chão, junto a ela um balde e uma vassoura curta, de varetas atadas; ele estava presente, ela o provocava ou repreendia.

O que nela faltava podia ser facilmente introduzido de outros lugares. Nos primeiros meses da terapia ele havia relatado uma súbita paixão compulsiva por uma menina camponesa, da qual havia pegado, aos dezoito anos, o que viria a ocasionar sua doença. Naquele momento ele se recusou de modo ostensivo a comunicar o nome da garota. Foi uma resistência inteiramente isolada; fora isso, ele obedecia sem reservas à regra fundamental da análise. Mas afirmava ter vergonha de revelar esse nome, por ele ser bem camponês; uma garota mais distinta não o teria. O nome, que finalmente descobri, era *Matrona*. Tinha ressonância materna. A vergonha estava claramente fora de lugar. Ele se envergonhava apenas do nome, não do fato de se apaixonar exclusivamente por garotas da mais baixa condição. Se a aventura com Matrona tivesse algo em comum com a cena de Grucha, então a vergonha devia ser transferida para esse episódio anterior.

Uma outra vez ele relatou que ao saber da história de João Huss ficara bastante comovido, e sua atenção se deteve nos feixes de lenha que as pessoas arrastavam para a fogueira. A simpatia por Huss nos desperta uma suspeita bem definida; encontrei-a com frequência em pacientes jovens, e sempre pude esclarecê-la da mesma forma. Um deles produziu até mesmo uma versão dramática do destino de Huss; começou a escrevê-la no dia em que perdeu o objeto da paixão que mantinha em segredo. Huss morreu no fogo; como outros nas mesmas condições, tornou-se o herói dos que já sofreram de enurese.

O próprio paciente relacionou os feixes de lenha da fogueira de Huss com a vassoura (feixe de varetas) da babá. Esse material se combinou de modo espontâneo para preencher as lacunas na lembrança da cena com Grucha. Ele havia urinado no chão, ao ver a garota fazendo a limpeza, e a isso ela respondera, certamente brincando, com uma ameaça de castração.[47]

---

47 É muito curioso que a reação da vergonha esteja tão intimamente ligada à micção involuntária (tanto diurna como noturna), e não, como seria de esperar, à incontinência fecal igualmente. A experiência não deixa dúvida quanto a isso. Também o nexo regular entre o fogo e a incontinência urinária dá o que pensar. É possível que haja, nestas reações e relações, precipitados da história cultural da humanidade, que atingem maior profundeza do que tudo o que para nós se conservou deixando pistas no folclore e no mito.

Não sei se os leitores já adivinham por que relatei de modo tão detalhado esse episódio da primeira infância.[48] Ele estabelece uma importante ligação entre a cena primária e a posterior compulsão amorosa, que se tornou tão decisiva para o destino do paciente, e além disso introduz uma condição de amor que esclarece tal compulsão.

Ao ver a garota no chão, ocupada em lavá-lo, ajoelhada, as nádegas projetadas, o dorso em linha horizontal, ele encontrou nela a mesma posição que a mãe adotara na cena do coito. Ela se tornou para ele a mãe; foi tomado de excitação sexual pela ativação daquela imagem,[49] e comportou-se masculinamente para com ela, tal como o pai, cuja ação naquele tempo ele só podia entender como uma micção. Seu ato de urinar sobre o chão era na verdade uma tentativa de sedução, e a garota reagiu com uma ameaça de castração, como se o tivesse entendido.

A compulsão que partia da cena primária se transferiu para esta cena com Grucha e continuou agindo por meio dela. Mas a condição para o amor sofreu uma mudança, que testemunha a influência da segunda cena; ela se transferiu da posição da mulher para a sua atividade nessa posição. Isso ficou claro, por exemplo, na experiência com Matrona. Ele fazia um passeio na aldeia que pertencia à propriedade (a última), quando viu uma garota camponesa à beira do pequeno lago, ajoelhada, lavando roupas. Apaixonou-se por ela instantaneamente e com irresistível impetuosidade, embora não pudesse ver ainda o seu rosto. Pela postura e ocupação, ela tomara o lugar de Grucha para ele. Agora entendemos como a vergonha que se referia ao conteúdo da cena com Grucha podia se ligar ao nome de Matrona.

Outro acesso de paixão, alguns anos antes, mostra ainda mais nitidamente a influência coerciva da cena de

---

48 Ele se situa em torno dos dois anos e meio, entre a suposta observação do coito e a sedução.
49 Antes do sonho!

Grucha. Havia muito lhe agradava uma jovem camponesa que prestava serviços à casa, mas ele conseguia não se aproximar dela. Um dia foi arrebatado pela paixão, ao encontrá-la sozinha num cômodo. Deu com ela ajoelhada no chão, ocupada na limpeza, o balde e a vassoura ao lado, exatamente como a garota de sua infância.

Mesmo sua escolha de objeto definitiva, que se tornou tão importante para a sua vida, revela-se, pelas circunstâncias imediatas que não cabem aqui, dependente da mesma condição de amor, como um rebento da compulsão que desde a cena primária, e através da cena com Grucha, dominou sua escolha amorosa. Já observei, numa passagem anterior, que noto no paciente um empenho em rebaixar o objeto amoroso. Isso deve ser referido à reação contra a pressão da irmã que lhe era superior. Mas eu então prometi mostrar (p. 21) que esse motivo de natureza soberana não foi o único decisivo, e que na verdade esconde uma determinação mais profunda, de motivos puramente eróticos. A lembrança da babá menina que limpava o chão, em posição rebaixada, sem dúvida, trouxe à luz essa motivação. Todos os objetos amorosos posteriores eram pessoas substitutas dela, que havia se tornado o primeiro substituto da mãe pelo acaso da situação. O primeiro pensamento que ocorreu ao paciente, sobre o problema da angústia ante a borboleta, pode ser facilmente reconhecido, a posteriori, como alusão remota à cena primária (a quinta hora). A relação entre a cena de Grucha e a ameaça de castração foi confirmada por um sonho particularmente rico de sentido, que ele mesmo soube traduzir. Ele disse: "Sonhei que *um homem arrancava as asas de uma* 'Espe'". "*'Espe'*?", perguntei, "o que você quer dizer com isso?" — "Ora, o inseto com listas amarelas no corpo, que pode picar. Deve ser uma alusão à *Grucha*, a pera de listas amarelas." — "'*Wespe*' [vespa], você quer dizer", corrigi. — "O nome é '*Wespe*'? Pensei que era '*Espe*'." (Como muitos outros, ele se aproveita do fato de falar uma língua estrangeira para

O HOMEM DOS LOBOS

cobrir atos sintomáticos.) "Mas '*Espe*' sou eu, S. P. (as iniciais de seu nome)." A "*Espe*" é naturalmente uma "*Wespe*" mutilada. O sonho diz claramente que ele se vingava de Grucha pela ameaça de castração.

A ação do menino de dois anos e meio, na cena com Grucha, é o primeiro efeito da cena primária que chegamos a conhecer; ela o apresenta como cópia do pai e nos permite reconhecer uma tendência a se desenvolver na direção que depois merecerá o nome de masculina. Pela sedução ele é empurrado a uma passividade que sem dúvida já é preparada por seu comportamento de espectador do enlace entre os pais.

Ainda devo destacar, na história do tratamento, que após a assimilação da cena de Grucha, da primeira vivência de que ele podia realmente se lembrar, e da qual se lembrou sem minhas conjecturas e intervenções, tinha-se a impressão de que a tarefa da terapia estava cumprida. A partir de então não havia mais resistência, bastava apenas reunir e compor. A velha teoria do trauma, que afinal se baseava em impressões da prática psicanalítica, retornou subitamente à vigência. Por interesse crítico, ainda uma vez fiz a tentativa de impor ao paciente uma outra concepção de sua história, uma que fosse mais bem-vinda ao senso comum. Da cena com Grucha não haveria o que duvidar, mas em si ela nada significaria, e teria sido reforçada depois, por regressão, pelos eventos da sua escolha de objeto, que devido à tendência ao rebaixamento passara da irmã para as criadas. A observação do coito, porém, seria uma fantasia de seus anos adultos, cujo cerne histórico poderia ter sido a observação ou a vivência de uma inocente lavagem. Talvez alguns leitores achem que somente com essas hipóteses eu teria me aproximado de uma compreensão do caso; o paciente me olhou perplexo e um tanto desdenhoso quando lhe expus essa concepção, e nunca mais reagiu a ela. Meus próprios argumentos contra uma tal racionalização já os desenvolvi acima [no cap. 5].

[A cena de Grucha não contém apenas as condições de escolha do objeto decisivas para a vida do paciente, guardando-nos assim do erro de superestimar a significação da tendência ao rebaixamento da mulher. Ela também pode me justificar, quando me recusei sem hesitação, a referir a cena primária a uma observação de animais feita pouco antes do sonho, como a única solução possível (pp. 60-1). Ela emergiu na recordação do paciente de modo espontâneo e sem minha intervenção. A angústia ante a borboleta de listas amarelas, que a ela remontava, demonstrou que ela tivera um conteúdo significativo, ou que se tornara possível dotar retrospectivamente esse conteúdo de tal significação. Esse algo significativo, que faltava na recordação, podia seguramente ser obtido mediante os pensamentos espontâneos que com ela vinham e as conclusões que a ela se ligavam. Verificou-se então que o medo da borboleta era inteiramente análogo ao medo do lobo, em ambos os casos medo da castração, inicialmente relacionado à pessoa que primeiro havia proferido a ameaça, depois transferido para a outra, na qual tinha de se fixar de acordo com o modelo filogenético. A cena com Grucha ocorrera aos dois anos e meio, mas a vivência angustiante com a borboleta amarela, certamente depois do sonho angustiante. Era fácil entender que a compreensão posterior da possibilidade de castração desenvolvera a angústia a posteriori na cena com Grucha; mas a cena mesma não continha nada de chocante ou inverossímil, e sim pormenores absolutamente banais, de que não havia razões para duvidar. Nada convidava a referi-los a uma fantasia da criança; e tampouco isso parece possível.

Surge agora a questão de se estamos autorizados a ver uma prova da excitação sexual do menino no fato de ele urinar estando de pé, enquanto a garota ajoelhada limpa o chão. Esta excitação testemunharia então a influência de uma impressão anterior, que tanto poderia ser efetivamente a cena primária como uma observação de animais anterior aos dois anos e meio. Ou aquela situação foi inteiramente inofensiva, a micção do menino puramente casual, e toda a cena foi sexualizada somente mais tarde na recordação, depois que situações semelhantes foram reconhecidas como plenas de sentido?

Não ouso tomar uma decisão neste ponto. Devo dizer que já tenho em alta conta a psicanálise por haver chegado a colocar essas questões. Mas não posso negar que a cena com Grucha, o papel que lhe coube na análise e os efeitos que dela procederam na vida explicam-se do modo mais natural e mais completo se admitirmos a cena primária, que em outros casos pode ser uma fantasia, como realidade neste caso. Ela nada afirma de impossível, no fundo; a suposição de sua realidade condiz inteiramente com a influência estimulante da observação de animais, indicada pelos cães pastores da imagem onírica.

Dessa conclusão insatisfatória passo para a questão que procurei tratar nas *Conferências introdutórias à psicanálise*. Eu mesmo gostaria de saber se a cena primária de meu paciente era fantasia ou vivência real, mas, considerando outros casos análogos, é preciso dizer que na verdade não tem mais importância responder a isso. As cenas de observação do ato sexual entre os pais, de sedução na infância e de ameaça de castração são indubitavelmente patrimônio herdado, herança filogenética, mas podem também ser aquisição da vivência individual. Em meu paciente, a sedução pela irmã mais velha era uma realidade indiscutível; por que não igualmente a observação do coito dos pais?

O que vemos na história primitiva da neurose é que a criança recorre a essa vivência filogenética quando sua própria vivência não basta. Ela preenche as lacunas da verdade individual com verdade pré-histórica, põe a experiência dos ancestrais no lugar da própria experiência. No reconhecimento dessa herança filogenética estou inteiramente de acordo com Jung (*A psicologia dos processos inconscientes*, de 1917; uma obra que já não podia influenciar as minhas *Conferências*); mas considero um erro de método recorrer a uma explicação da filogênese antes de esgotar as possibilidades da ontogênese; não vejo razão para obstinadamente negar à pré-história infantil a importância que de boa vontade se concede à pré-história ancestral; não posso ignorar que os motivos e produções filogenéticos carecem eles mesmos de elucidação, que em toda uma série de casos pode vir da infância individual, e por fim não me surpreendo se a manutenção das mesmas condições fizer ressurgir organicamente no indivíduo o que elas criaram em tempos pré-históricos e deixaram como predisposição para a reaquisição.]

No intervalo entre a cena primária e a sedução (um ano e meio — três anos e três meses) deve ser incluído o mudo carregador de água, que para ele foi um substituto do pai, tal como Grucha foi uma substituta da mãe. Não creio ser justificado falar de uma tendência ao rebaixamento, ainda que ambos os pais se achem representados por serventes. A criança não faz caso das diferenças sociais, que ainda significam pouco para ela, e alinha pessoas de menor condição ao lado dos pais, quando lhe trazem amor de modo semelhante aos pais. Essa tendência tem igualmente pouca importância na substituição dos pais por animais, que estão longe de serem menosprezados por crianças. Sem consideração por esse rebaixamento, tios e tias são tomados como substitutos dos pais, como várias recordações testemunharam também a respeito de nosso paciente.

À mesma época pertence também a obscura notícia de uma fase em que ele queria comer apenas guloseimas, a tal ponto que se chegou a temer por sua sobrevivência. Contaram-lhe de um tio que também havia recusado a comida, e por isso morrera jovem, de consumição. Ele também soube que na idade de três meses havia estado tão doente (de uma infecção pulmonar?) que já tinham pronta a sua mortalha. Conseguiram amedrontá-lo de tal forma que ele voltou a comer; nos últimos anos da infân-

O HOMEM DOS LOBOS

cia até exagerou essa obrigação, como que para proteger--se da morte ameaçada. O medo da morte, que lhe haviam despertado para sua proteção, mostrou-se novamente depois, quando a mãe advertiu quanto ao perigo de disenteria; ainda mais tarde, ele provocou um ataque de neurose obsessiva (p. 70). Tentaremos rastrear suas origens e seus significados mais adiante.

Quanto ao distúrbio alimentar, gostaria de reivindicar para ele o significado de uma primeiríssima neurose; de modo que desordem alimentar, fobia de lobos e devoção obsessiva formam a série completa das doenças infantis que trazem consigo a predisposição para a derrocada neurótica nos anos após a puberdade. Ouvirei a objeção de que poucas crianças escapam a perturbações como uma falta de apetite passageira ou uma fobia de animal. Mas esse argumento me é bem-vindo. Estou pronto para afirmar que toda neurose de um adulto se constrói sobre sua neurose infantil, mas esta nem sempre é intensa o bastante para se fazer notar e ser reconhecida como tal. A objeção vem apenas realçar a importância teórica das neuroses infantis para a apreensão das doenças que tratamos como neuroses e procuramos derivar somente das influências da vida adulta. Se o nosso paciente não juntasse, à desordem alimentar e à fobia de animal, também a devoção obsessiva, sua história não se distinguiria notavelmente da de outros mortais, e nós estaríamos privados de materiais valiosos que nos podem guardar de alguns erros naturais.

A análise seria insatisfatória se não levasse à compreensão do lamento com que o paciente resumia o seu sofrer. Dizia que para ele o mundo era oculto por um véu, e o treino psicanalítico afasta a expectativa de que essas palavras sejam destituídas de significado e escolhidas ao acaso. O véu se rompia — curiosamente — apenas numa situação: quando, após uma lavagem, as fezes passavam pelo ânus. Então ele se sentia bem de novo, e por um breve instante via claramente o mundo. A interpretação desse "véu" foi tão difícil como a da angústia diante da borboleta. Além disso, ele não se apegou ao véu, este se volatizou depois em sentimento crepuscular, "tenèbres", e outras coisas impalpáveis.

Apenas pouco antes de deixar o tratamento ele se recordou de haver escutado que nascera com uma "pelica" [Glückshaube]. Por isso ele se considerou sempre um menino de sorte [Glückskind], ao qual nada de ruim poderia suceder. Tal confiança o abandonou apenas quando teve de reconhecer na infecção gonorreica um sério dano ao seu corpo. Ante essa injúria ao seu narcisismo, ele desmoronou. Diremos que ele repetiu desse modo um mecanismo que nele já havia funcionado uma vez. Também a sua fobia de lobos irrompeu quando ele se achou ante o fato de que a castração era possível, e claramente situou a gonorreia na mesma linha da castração.

A pelica era então o véu que o ocultava ao mundo e o mundo a ele. Seu lamento é na verdade uma fantasia-desejo realizada, ela o mostra de retorno ao ventre materno, é certamente uma fantasia de fuga do mundo. Deve-se traduzi-la desta forma: "Sou tão infeliz na vida, tenho que voltar ao seio materno".

Mas o que pode significar o fato de esse véu simbólico, que uma vez foi real, romper-se no momento da evacuação após um clister, e de nessas condições a doença abandoná-lo? O contexto nos permite responder: se o véu de nascimento se rompe, ele enxerga o mundo e renasce. O excremento é a criança, e como tal ele nasce pela segunda vez, para uma vida mais feliz. Esta seria então a fantasia de renascimento, para a qual Jung chamou a atenção recentemente, e à qual atribuiu posição dominante na vida de desejos dos neuróticos.

Seria belo, se fosse tudo. Mas certos pormenores da situação, e a consideração dos necessários nexos com esta particular história de vida, nos obrigam a levar a interpretação mais à frente. A condição para o renascimento é que um homem lhe aplique o clister (somente depois ele preci-

O HOMEM DOS LOBOS

sou tomar o lugar desse homem). Isso só pode significar que ele se identificou com a mãe, que o homem faz o papel do pai, o clister repete o ato de acasalamento, como fruto do qual a criança-excremento — novamente ele — vem ao mundo. A fantasia de renascimento se acha, então, estreitamente ligada à condição da satisfação sexual pelo homem. Então a tradução agora seria: apenas se ele puder substituir a mulher, tomar o lugar da mãe, para se deixar satisfazer pelo pai e lhe gerar um filho, a sua doença o abandona. Portanto, a fantasia de renascimento era apenas a reprodução mutilada, censurada, da fantasia-desejo homossexual.

Se olharmos mais detidamente, haveremos de notar que o doente, nessa condição para sua cura, apenas repete a situação da chamada cena primária: naquele momento ele queria se pôr no lugar da mãe; a criança-excremento, como há muito supomos, ele mesmo a produziu naquela cena. Ele continua ainda fixado, como que enfeitiçado, na cena que se tornou decisiva para sua vida sexual, e cujo retorno naquela noite do sonho inaugurou sua doença. O romper do véu é análogo ao abrir dos olhos, ao escancarar das janelas. A cena primária foi remodelada em condição para a cura.

O que foi expresso no lamento, por um lado, e na única condição que o suprimia, por outro, pode-se facilmente juntar numa unidade, que revela então todo o seu sentido. Ele deseja estar de volta ao ventre materno, não para então renascer simplesmente, mas para ali dentro ser atingido pelo pai no coito, dele obter a satisfação, gerar um filho dele.

Ter nascido do pai, como inicialmente havia acreditado, ser sexualmente satisfeito por ele, dar-lhe um filho de presente, isso à custa de sua masculinidade, e expresso na linguagem do erotismo anal: com esses desejos completou-se o círculo da fixação no pai, com isso a homossexualidade encontrou sua mais alta e mais íntima expressão.[50]

---

50 Um possível significado secundário, de que o véu representaria o hímen que se parte no enlace com o homem, não se ajusta exa-

Creio que esse exemplo lança também alguma luz sobre o sentido e a origem das fantasias do ventre materno e do renascimento. A primeira resulta frequentemente, como em nosso caso, da ligação com o pai. Deseja-se estar no corpo da mãe para substituí-la no coito, assumir o lugar dela junto ao pai. Quanto à fantasia de renascimento, é provável que seja via de regra uma atenuação, um eufemismo, por assim dizer, para a fantasia da união incestuosa com a mãe, uma abreviação *anagógica* da mesma, para usar a expressão de H. Silberer. Deseja-se voltar à situação em que se estava nos genitais da mãe; nisso o homem se identifica com o pênis, faz-se representar por ele. Então as duas fantasias se revelam como contrapartida uma da outra, exprimindo o desejo de união sexual com o pai ou a mãe, conforme a atitude feminina ou masculina da pessoa. Não se deve excluir a possibilidade de que no lamento e na condição de cura do nosso paciente se unam ambas as fantasias, e igualmente os dois desejos de incesto, portanto.

Farei ainda uma vez a tentativa de reinterpretar os últimos resultados da análise de acordo com o modelo adversário. O paciente lamenta a sua fuga do mundo em uma típica fantasia do ventre materno, só consegue divisar sua cura num renascimento tipicamente concebido. Este último ele exprime em sintomas anais, correspondendo à predisposição nele dominante. Segundo o modelo da fantasia anal de renascimento, ele compôs uma cena infantil que repete os seus desejos com meios de expressão arcaico-simbólicos. Seus sintomas então se encadeiam, como se partissem de uma tal cena primária. Ele teve que se decidir a refazer esse caminho de volta, porque deparou com uma tarefa vital que era demasiado

---

tamente à condição para a cura e não tem relação com a vida do paciente, para quem a virgindade não tinha significação alguma.

preguiçoso para resolver, ou porque tinha todas as razões para desconfiar de suas inferioridades e com tais medidas acreditava se proteger melhor do menosprezo.

Isso tudo seria muito bom se aos quatro anos o infeliz já não tivesse tido um sonho que marcou o início de sua neurose, que foi incitado pela história do alfaiate e do lobo, contada pelo avô, e cuja interpretação faz necessária a suposição de uma tal cena primária. Ante esses fatos, pequeninos mas inatacáveis, fracassam infelizmente as mitigações que as teorias de Jung e Adler nos querem proporcionar. Tal como se dispõem as coisas, a fantasia de renascimento me parece antes um derivado da cena primária, do que esta, pelo contrário, um reflexo da fantasia de renascimento. E talvez nos seja permitido supor que naquele tempo, quatro anos depois de nascido, o paciente era ainda jovem demais para desejar um renascimento. Mas este último argumento eu devo retirar; pois minhas próprias observações vêm demonstrar que as crianças foram subestimadas, e que já não sabemos mais o que é possível esperar delas.[51]

51 Admito que essa questão é a mais espinhosa de toda a teoria psicanalítica. Não necessitei das comunicações de Adler ou Jung para me ocupar criticamente da possibilidade de que as vivências infantis esquecidas — vividas numa infância improvavelmente precoce! —, cuja existência a psicanálise afirma, repousem na verdade em fantasias criadas em ocasiões posteriores, e de que se deva supor a manifestação de um fator constitucional ou de uma disposição conservada filogeneticamente, sempre que se acredite achar na análise o efeito de uma tal impressão infantil. Pelo contrário, nenhuma dúvida me solicitou mais, nenhuma outra incerteza me impediu mais resolutamente de publicar a respeito disso. Fui o primeiro, algo que nenhum de meus oponentes assinalou, a dar a conhecer tanto o papel das fantasias na formação de sintomas como o "fantasiar de volta" para a infância, a partir de incitações tardias, e a sexualização retrospectiva da mesma. (Ver *A interpretação dos sonhos*, cap. I, seção G, e "Observações sobre um caso de neurose obsessiva", 1909.) No entanto, se me ative à concepção mais difícil

9. Resumos e problemas

Não sei se o leitor deste relato de uma análise conseguiu formar uma imagem nítida da gênese e evolução da doença de meu paciente. Receio que isso não tenha ocorrido. Mas, ainda que não costume defender minha arte expositiva, desta vez quero alegar circunstâncias atenuantes. É uma tarefa que nunca se empreendeu até agora, introduzir na descrição fases tão antigas e camadas tão profundas da vida anímica, e é melhor resolvê-la mal do que encetar a fuga diante dela, o que, além disso, pode envolver certos perigos para o timorato. Então é preferível mostrar, de maneira ousada, que não nos deixamos deter pela consciência de nossas inferioridades.

O caso não era particularmente propício. O que possibilitou a riqueza de informações sobre a infância, o fato de que pudemos estudar a criança pela mediação do adulto, teve que ser obtido à custa de uma péssima fragmentação da análise e correspondentes defeitos de exposição. Particularidades pessoais, e um caráter nacional estranho ao nosso, tornaram mais trabalhosa a empatia. A distância entre a personalidade amável e afável do doente, sua aguda inteligência, nobre maneira de pensar, e sua vida instintual completamente indômita tornavam necessário um bem longo trabalho de educação e preparação, o que dificultou a visão do conjunto. Mas o paciente mesmo não teve nenhuma culpa da característica do caso que colocou os mais árduos problemas à descrição. Na psicologia do adulto chegamos felizmente ao ponto de dividir os processos psíquicos em conscientes e inconscientes, descrevendo-os em palavras claras. Na criança, essa distinção não nos leva muito longe. Com frequência é embaraçoso dizer o que deveríamos

---

e mais improvável, isso ocorreu devido a argumentos como os que o caso aqui descrito, ou qualquer outra neurose infantil, impõem ao pesquisador, e que agora submeto aos leitores para a sua decisão.

O HOMEM DOS LOBOS

qualificar de consciente e de inconsciente. Processos que se tornaram dominantes, e que segundo seu comportamento posterior teriam de ser equiparados aos conscientes, não chegaram a se tornar conscientes na criança, porém. Pode-se facilmente compreender por quê; na criança, o consciente ainda não ganhou todas as suas características, ainda está em desenvolvimento e não possui totalmente a capacidade de se converter em representações verbais. A confusão, da qual normalmente somos culpados, entre o fenômeno do surgimento na consciência como percepção e a pertinência a um sistema psíquico suposto, a que deveríamos dar um nome convencionado, mas que igualmente chamamos de consciência (sistema *Cs*), esta confusão é inofensiva na descrição psicológica do adulto, mas enganadora na da criança pequena. Também não ajudaria muito a introdução do "pré--consciente", pois tampouco o pré-consciente da criança corresponde necessariamente ao do adulto. Contentemo-nos então em reconhecer claramente a obscuridade.

É natural que um caso como este possa dar motivo para pôr em discussão todos os problemas e resultados da psicanálise. Seria um trabalho interminável e não justificado. É preciso admitir que não se pode saber tudo a partir de um único caso, tudo decidir através dele, e contentar-se, portanto, em aproveitá-lo naquilo que mostra mais nitidamente. Na psicanálise, a tarefa da explicação tem limites estreitos. Cabe explicar as formações sintomáticas notáveis, desvendando a sua gênese; os mecanismos psíquicos e processos instintuais a que assim chegamos, esses não cabe explicar, mas sim descrever. Para obter novas generalizações a partir das constatações sobre os dois últimos pontos são necessários muitos casos como este, analisados bem profundamente. Não é fácil tê-los, cada qual exige anos de trabalho. De modo que o progresso nesses domínios se efetua lentamente. Haverá, sem dúvida, a tentação de contentar-se em "arranhar" a superfície psíquica de um determinado número de pessoas e substituir o trabalho omitido por especulação, que então é colocada sob o patrocínio de alguma corrente filosófica. Pode-se também alegar necessidades práticas em favor desse comportamento, mas as necessidades da ciência não se satisfazem com sucedâneos.

Tentarei esboçar um panorama sintético do desenvolvimento sexual de meu paciente, começando com os primeiros indícios. A primeira coisa que ouvimos dele é o distúrbio do apetite, que, de acordo com outras experiências, mas com toda a reserva, eu apreenderia como resultado de um processo no âmbito sexual. Como primeira organização sexual reconhecível tive de considerar aquela denominada *canibal* ou *oral*, em que ainda domina a cena o fato de a excitação sexual apoiar-se originalmente no instinto de alimentação [*Eßtrieb*]. Não cabe esperar manifestações diretas dessa fase, mas apenas indícios, quando sobrevêm perturbações. O dano ao instinto de alimentação — que naturalmente pode ter outras causas — nos leva a atentar para o fato de que o organismo não conseguiu dominar a excitação sexual. A meta sexual dessa fase só poderia ser o canibalismo, a devoração; ela aparece em nosso paciente mediante a regressão de um estágio mais alto, no medo de ser devorado pelo lobo. Esse medo tivemos que traduzir assim: ser possuído sexualmente pelo pai. Sabe-se que em época bem mais adiantada, em meninas que estão na puberdade, há uma neurose que exprime a recusa sexual mediante a anorexia; é lícito estabelecer sua relação com essa fase oral da vida sexual. No auge do paroxismo amoroso ("se eu pudesse te comeria, de tanto amor") e no trato carinhoso com crianças pequenas, em que o próprio adulto tem gestos infantis, surge novamente a meta amorosa da organização oral. Em outra passagem formulei a conjectura de que o pai de nosso paciente teria usado o "insulto afetuoso", teria brincado de lobo ou de cão com o pequeno e ameaçado comê-lo de brincadeira (p. 32). Tal suposição foi confirmada pela singular conduta do paciente na transferência. Toda vez que, ante as dificuldades do tratamento, ele se refugiava na transferência, ameaçava com a devoração e depois com todos os maus-tratos possíveis, o que era apenas expressão de carinho.

A linguagem corrente guardou algumas marcas dessa fase sexual oral; ela fala de um objeto de amor "gostoso", chama de "doce" à amada. Recordamos que o nosso pequeno paciente só queria comer coisas doces. Nos sonhos, guloseimas e bombons representam habitualmente carícias, satisfações sexuais.

Parece que também a essa fase corresponde uma angústia (em caso de distúrbio, naturalmente) que aparece como angústia ante a morte, e pode se ligar a tudo o que é mostrado à criança como sendo apropriado. Em nosso paciente ela foi usada para conduzi-lo à superação de sua falta de apetite, e mesmo para a supercompensação desta. Chegaremos à possível fonte de seu distúrbio alimentar se nos lembrarmos — com base naquela discutida suposição — que a observação do coito, de que partiram tantos efeitos posteriores, aconteceu na idade de um ano e meio, seguramente antes da época das dificuldades alimentares. Talvez nos seja permitido supor que ela acelerou os processos de maturação sexual, e assim teve também efeitos diretos, embora pouco evidentes.

Naturalmente também sei que se podem explicar os sintomas desse período, o medo do lobo, o distúrbio alimentar, de maneira diferente, mais simples, sem referência à sexualidade e a um estágio de organização pré-genital. Quem negligencia de bom grado os sinais da neurose e o nexo dos fenômenos preferirá essa outra explicação, e eu não poderei impedi-lo de fazer isso. É difícil descobrir algo convincente a respeito dos primórdios da vida sexual, se não for pelos rodeios mencionados.

A cena com Grucha (por volta dos dois anos e meio) mostra o nosso pequeno no início de seu desenvolvimento, que merece a qualificação de normal, exceto talvez na precocidade: identificação com o pai, erotismo uretral representando a masculinidade. Encontra-se inteiramente sob o influxo da cena primária. A identificação com o pai apreendemos até agora como narcísica; considerando o conteúdo da cena primária, não podemos descartar que ela já corresponde ao estágio da organização genital. O genital masculino começou a desempenhar seu papel, e dá prosseguimento a ele sob a influência da sedução pela irmã.

Mas temos a impressão de que a sedução não apenas promove o desenvolvimento, mas o perturba e desvia em grau ainda mais elevado. Proporciona uma meta sexual passiva, que é, no fundo, inconciliável com a ação do genital masculino. No primeiro obstáculo externo, a ameaça de castração da Nânia, desmorona (com três anos e meio) a organização genital ainda receosa, e regride ao estágio precedente, o da organização sádico-anal, que de outra forma talvez passasse com leves sinais, como em outras crianças.

Na organização sádico-anal se reconhece facilmente uma continuação e desenvolvimento da oral. A violenta atividade muscular sobre o objeto, que a distingue, tem seu lugar como ação preparatória para o comer, que deixa de existir como meta sexual. O ato preparatório se torna uma meta autônoma. A novidade em relação ao estágio anterior consiste essencialmente em que o órgão acolhedor passivo, separado da zona bucal, se desenvolve na zona anal. Aqui se insinuam paralelos biológicos, ou a concepção das organizações pré-genitais humanas como resíduos de estruturas que são mantidas em algumas classes de animais. É igualmente característica desse estágio a constituição do instinto de investigação [*Forschertrieb*] a partir de seus componentes.

O erotismo anal não se faz notar particularmente. Sob influência do sadismo, o excremento trocou sua significação carinhosa pela ofensiva. Na transformação do sadismo em masoquismo intervém um sentimento de culpa, que aponta para processos de desenvolvimento em outras esferas que não a sexual.

A sedução prolonga a sua influência, na medida em que mantém a passividade da meta sexual. Ela agora transforma uma boa porção do sadismo em sua contrapartida passiva, o masoquismo. É discutível que se possa imputar inteiramente à sedução a característica da passividade, pois a reação do bebê de um ano e meio à observação do coito já era predominantemente passiva. A coexcitação sexual manifestou-se numa evacuação, na qual, de todo modo, há que distinguir também uma participação ativa. Ao lado do masoquismo, que domina a sua tendência sexual e se manifesta em fantasias, também o sadismo continua a existir e se ocupa de pequenos animais. Sua pesquisa sexual começou a partir da sedução, atacando essencialmente dois problemas, a origem dos bebês e a possibilidade de perder o órgão genital, e entrelaçando-se às manifestações de seus impulsos instintuais. Ela dirige suas inclinações sádicas aos pequenos animais, como representantes das crianças pequenas.

Conduzimos a descrição até a proximidade do quarto aniversário, momento em que o sonho faz agir a posteriori a observação, feita com um ano e meio, do coito. Os processos que então ocorrem não podemos apreender totalmente nem descrever suficientemente. A ativação da imagem, que devido ao maior desenvolvimento intelectual pode ser entendida, atua como um acontecimento fresco, mas também como um novo trauma, uma interferência alheia, análoga à sedução. A organização genital desmantelada é restabelecida de uma só vez, mas o progresso efetuado no sonho não pode ser mantido. Ocorre antes, por um processo que podemos equiparar somente a uma repressão, a rejeição da coisa nova e sua substituição por uma fobia.

Portanto, a organização sádico-anal subsiste também na fase de fobia de animal que então começa, mas fenômenos de angústia se acham a ela mesclados. A criança persiste nas ocupações sádicas e masoquistas, porém reage com angústia a uma parte delas; a conversão do sadismo em seu oposto provavelmente continua.

Da análise do sonho angustiante concluímos que a repressão está ligada ao conhecimento da castração. O novo é recusado, porque sua aceitação custaria o pênis. Uma reflexão mais cuidadosa permite reconhecer talvez o seguinte: o que é reprimido é a atitude homossexual no sentido genital, que se formara sob a influência do conhecimento. Mas ela permanece então conservada, constituída como uma camada mais profunda e interditada. O motor dessa repressão parece ser a masculinidade narcísica do genital, que entra num conflito, há muito preparado, com a passividade da meta sexual homossexual. A repressão é então consequência da masculinidade.

Nisso haveria a tentação de mudar uma parcela da teoria psicanalítica. Pois se tem como óbvio que é do conflito entre tendências masculinas e femininas, ou seja, da bissexualidade, que provêm a repressão e a formação de neuroses. Mas essa concepção tem lacunas. Das duas tendências sexuais conflitantes, uma é conforme ao Eu, a outra fere o interesse narcísico; por isso sucumbe à repressão. Nesse caso é também o Eu que desencadeia a repressão, em favor de uma das tendências sexuais. Em outros casos não existe um tal conflito entre masculinidade e feminilidade; há apenas uma tendência sexual que requer aceitação, mas vai de encontro a certos poderes do Eu, e por isso é ela mesma afastada. Bem mais frequentes que conflitos no interior da sexualidade são os outros, os que ocorrem entre a sexualidade e as tendências morais do Eu. Um tal conflito moral não existe em nosso caso. Pôr a ênfase na bissexualidade como motivo da repressão seria muito estreito, portanto; pô-la no conflito entre Eu e tendências sexuais (libido) cobre todas as ocorrências.

À teoria do "protesto masculino", tal como Adler a desenvolveu, pode-se objetar que de modo algum a repressão toma sempre o partido da masculinidade e atinge a femini-

O HOMEM DOS LOBOS 113

lidade; em categorias inteiras de casos é a masculinidade que tem de sofrer a repressão por parte do Eu.

Além disso, uma apreciação mais justa do processo de repressão, em nosso caso, retiraria à masculinidade narcísica a significação de motivo único. A atitude homossexual que surge durante o sonho é tão intensa que o Eu da pequena criatura fracassa em dominá-la e dela se defende pelo processo de repressão. Para ajudá-lo nesse propósito é convocada a masculinidade narcísica do genital, que é oposta àquela atitude. Apenas para evitar mal-entendidos, deve-se dizer que todos os impulsos narcísicos atuam a partir do Eu e permanecem no Eu, e as repressões são dirigidas contra investimentos de objeto libidinais.

Passemos agora do processo de repressão, que talvez não tenhamos conseguido dominar por inteiro, para o estado que se produz no despertar do sonho. Se realmente a masculinidade tivesse triunfado sobre a homossexualidade (feminilidade) no processo do sonho, teríamos de encontrar dominante uma tendência sexual ativa de caráter marcadamente masculino. O que está fora de questão; o essencial da organização sexual não mudou, a fase sádico-anal prossegue, continuou dominante. A vitória da masculinidade se mostra apenas no fato de então ele reagir com angústia às metas sexuais passivas da organização dominante (que são masoquistas, mas não femininas). Não há um impulso sexual masculino vitorioso, mas apenas um impulso passivo e uma rebelião contra ele.

Posso imaginar que dificuldades reserva para o leitor a aguda separação, inusitada, mas indispensável, entre ativo-masculino e passivo-feminino, e portanto não evitarei repetições. O estado após o sonho pode então ser descrito da seguinte maneira. As tendências sexuais foram cindidas; no inconsciente alcançou-se o estágio da organização genital e constituiu-se uma intensa homossexualidade; por cima subsiste (virtualmente no consciente) a anterior corrente sexual sádica e predominantemente masoquista;

o Eu modificou no conjunto a sua posição ante a sexualidade, encontra-se em plena rejeição sexual e rechaça com angústia as metas masoquistas dominantes, assim como reagiu às metas homossexuais mais profundas com a formação de uma fobia. O resultado do sonho não foi tanto a vitória de uma corrente masculina, mas a reação contra uma feminina e passiva. Seria demais atribuir caráter de masculinidade a essa reação. O Eu não tem tendências sexuais, mas apenas interesse em sua autopreservação e na conservação de seu narcisismo.

Agora vejamos a fobia. Ela nasceu no nível da organização genital, e nos mostra o mecanismo relativamente simples de uma histeria de angústia. Mediante o desenvolvimento da angústia, o Eu se protege do que avalia como um perigo muito poderoso, a satisfação homossexual. Mas o processo de repressão deixa um rastro que é impossível ignorar. O objeto a que se ligou a meta sexual temida tem de ser representado por um outro na consciência. Não o medo diante do pai, mas o medo diante do *lobo* se torna consciente. E na formação da fobia não se ficou apenas nesse conteúdo. Algum tempo depois o lobo é substituído pelo leão. Com os impulsos sádicos dirigidos aos pequenos animais compete uma fobia diante deles, como representantes dos rivais, os eventuais bebês. Particularmente interessante é a gênese da fobia de borboletas. É como uma repetição do mecanismo que produziu no sonho a fobia de lobos. Por um estímulo casual é ativada uma antiga vivência, a cena com Grucha, cuja ameaça de castração tem efeito a posteriori, não tendo causado impressão no momento em que sucedeu.[52]

---

52 A cena de Grucha foi, como disse, um produto espontâneo da recordação do paciente, do qual não participou nenhuma construção ou estímulo do médico; a lacuna que havia nela foi preenchida pela análise de uma forma que se deve chamar de impecável, no caso de realmente se dar valor ao modo de trabalho da psicanálise.

Pode-se dizer que a angústia que entra na formação dessas fobias é angústia de castração. Essa afirmação não contradiz a concepção de que a angústia tem origem na repressão da libido homossexual. Os dois modos de expressão se referem ao mesmo processo, de que o Eu retira libido do impulso de desejo homossexual, que é então convertida em angústia livremente suspensa e pode se ligar a fobias. No primeiro modo de expressão designou-se também o motivo que impele o Eu.

Olhando-se mais de perto, vê-se que essa primeira doença de nosso paciente (não considerando o distúrbio alimentar) não é esgotada quando dela se extrai a fobia, mas tem de ser compreendida como autêntica histeria, a que correspondem, além de sintomas de angústia, fenômenos de conversão. Uma parte do impulso homossexual é mantida no órgão que dela participa; desde então, e também na época posterior, o intestino se comporta

---

Uma explicação racionalista dessa fobia diria apenas que não é nada extraordinário que uma criança com predisposição a estados de angústia tenha um acesso de angústia diante de uma borboleta de listas amarelas, provavelmente devido a uma inclinação hereditária à angústia (cf. Stanley Hall, "A Synthetic Genetic Study of Fear". *American Journal of Psychology*, XXV, 1914). Na ignorância desta causa, ele buscaria um nexo infantil para essa angústia, utilizando o acaso da igualdade dos nomes e da recorrência das listas para construir a fantasia de uma aventura com a babá de que ainda se lembra. Mas, quando as coisas secundárias do acontecimento em si anódino, a limpeza, o balde, a vassoura, mostram possuir, na vida posterior do indivíduo, o poder de determinar de maneira duradoura e obsessiva a sua escolha de objeto, então a fobia da borboleta adquire uma significação incompreensível. A situação resulta ao menos tão singular como a que defendo, e desaparece o ganho que se teria da concepção racionalista desta cena. A cena de Grucha torna-se então particularmente valiosa para nós, pois com ela podemos preparar nosso juízo sobre a cena primária, em relação à qual há menos certeza.

como um órgão histericamente afetado. A homossexualidade inconsciente, reprimida, retirou-se para o intestino. Justamente esse traço de histeria prestou o melhor serviço na solução da doença posterior.

Agora não nos deve também faltar ânimo para abordar as relações ainda mais complicadas da neurose obsessiva. Tenhamos presente a situação: uma corrente sexual dominante masoquista e uma reprimida homossexual, diante disso um Eu prisioneiro da recusa histérica; que processos transformam esse estado na neurose obsessiva?

A transformação não ocorre espontaneamente, por evolução interna, mas por influência alheia do exterior. Seu resultado visível é que a relação com o pai, que ocupa o primeiro plano, que até então encontrava expressão na fobia de lobos, manifesta-se agora em devoção obsessiva. Não posso deixar de assinalar que o processo que tem lugar no paciente oferece uma confirmação inequívoca do que afirmei em *Totem e tabu* sobre a relação do animal totêmico para com a divindade.[53] Ali optei por sustentar que a representação do deus não é uma evolução do totem, mas que se eleva a partir da raiz comum a ambos para substituí-lo, de modo independente dele. O totem seria o primeiro substituto do pai, mas o deus, um substituto posterior, em que o pai readquire sua forma humana. O mesmo encontramos em nosso paciente. Na fobia dos lobos ele passa pelo estágio do sucedâneo totêmico do pai, que então se interrompe e é substituído por uma fase de devoção religiosa, em consequência de novas relações entre ele e o pai.

A influência que provoca essa mudança é o contato que através da mãe ele vem a ter com as teorias da religião e a história sagrada. O resultado é aquele desejado na educação. A organização sexual sadomasoquista chega lentamente ao fim, a fobia do lobo desaparece rapi-

---

53 *Totem e tabu* (1913).

damente, em lugar da recusa angustiada da sexualidade surge uma mais elevada forma de sua repressão. A devoção torna-se o poder dominante na vida da criança. Mas tais superações não ocorrem sem luta, de que são indícios os pensamentos blasfemos, e de que é consequência um exagero obsessivo do cerimonial religioso.

À parte esses fenômenos patológicos, podemos dizer que nesse caso a religião realizou tudo aquilo para o qual é introduzida na educação do indivíduo. Ela domou suas tendências sexuais, ao lhes proporcionar uma sublimação e firme ancoragem, desvalorizou suas relações familiares e com isso evitou o isolamento que o ameaçava, na medida em que lhe abriu o acesso à grande comunidade humana. O menino indócil e angustiado se tornou sociável, comportado e educável.

O móvel principal da influência religiosa foi a identificação com a figura de Cristo, facilitada particularmente pelo acaso do dia de nascimento. Nisso o amor extraordinário ao pai, que fizera necessária a repressão, encontrou afinal saída numa sublimação ideal. Como Cristo, era-lhe permitido amar o pai, que então se chamava Deus, com um fervor que em vão buscara se descarregar, no caso do pai terreno. Os meios para dar testemunho desse amor já eram indicados pela religião, e a eles não se prendia o sentimento de culpa inseparável das tendências amorosas individuais. Desse modo, se ainda podia ser drenada a corrente sexual mais profunda, já precipitada como homossexualidade inconsciente, a tendência masoquista mais superficial encontrou, sem grande renúncia, uma incomparável sublimação na história da paixão de Cristo, que se deixou maltratar e sacrificar por ordem e para honra do pai divino. Assim a religião fez sua obra no pequeno transviado, pela mistura de satisfação, sublimação, desvio do sensual para processos puramente espirituais, e pela abertura de vínculos sociais que proporciona ao crente.

A rebelião inicial de meu paciente contra a religião tinha três pontos de partida diferentes. O primeiro era sua característica, da qual já vimos exemplos, de afastar todas as novidades. Ele defendia cada posição da libido uma vez ocupada, com medo de perdê-la se a abandonasse, e desconfiando da possibilidade de uma completa substituição por uma nova. Eis uma particularidade psicológica importante e fundamental, que nos três ensaios de uma teoria da sexualidade eu classifiquei como capacidade de *fixação*. Jung pretendeu fazer dela, com o nome de "inércia" psíquica, a causa principal de todos os fracassos dos neuróticos. Injustamente, acredito eu, pois seu alcance é bem maior e ela tem papel significativo também na vida dos não nervosos. A fácil mobilidade ou difícil fluidez dos investimentos de energia libidinais, e igualmente dos de outro tipo, é uma característica especial, própria de muitos normais e nem sequer de todos os nervosos, e que até agora não foi posta em relação com outras, algo assim como um número primo, não mais passível de divisão. Sabemos apenas uma coisa, que o atributo da mobilidade de investimentos psíquicos diminui notavelmente com a idade. Isso nos forneceu uma das indicações dos limites da influência psicanalítica. Mas existem pessoas em que essa plasticidade psíquica vai muito além do limite habitual de idade, e outras em que ela é perdida bem prematuramente. Sendo neuróticas, com pesar descobrimos que em condições aparentemente iguais é impossível desfazer nelas mudanças que noutras foram dominadas facilmente. Portanto, também nas conversões de processos psíquicos cabe considerar o conceito de *entropia*, cuja medida se opõe à involução do acontecido.

Um segundo ponto de ataque lhe foi dado pelo fato de que a própria doutrina da religião não tem por fundamento uma relação inequívoca com Deus-pai, mas é permeada de indícios da atitude ambivalente que presidiu à sua gênese. Essa ambivalência foi por ele sentida com a sua própria, que era altamente desenvolvida, e ligou-se à crítica tão aguda que não podia deixar de nos surpreender numa criança de quatro anos e meio. O mais significativo, porém, foi um terceiro fator, a cuja ação podemos remontar os resultados patológicos de sua luta com a religião. A corrente que o impelia para o homem, que devia ser sublimada pela religião, já não estava livre, mas parcialmente isolada pela repressão e deste modo subtraída à sublimação, ligada à sua meta sexual original. Em virtude desse nexo, a parte reprimida se empenhou em abrir caminho para a parte sublimada ou em trazê-la abaixo para si. As primeiras ruminações em torno da pessoa de Cristo já continham a questão de saber se aquele filho sublime também podia levar a cabo o relacionamento sexual com o pai que era mantido no inconsciente. A rejeição desse empenho não teve como resultado senão fazer surgir pensamentos obsessivos aparentemente blasfemos, em que a ternura física por Deus se impunha na forma de sua degradação. Uma forte luta defensiva contra essas formações de compromisso tinha então de levar ao exagero obsessivo de todas as atividades em que a devoção, o puro amor a Deus, encontrava a sua saída prefigurada. A religião triunfou afinal, mas seu fundamento instintual se revelou incomparavelmente mais sólido que a garantia dos produtos de sua sublimação. Tão logo a vida trouxe um novo substituto do pai, cuja influência se dirigiu contra a religião, ela foi abandonada e substituída por outra coisa. Pensemos ainda na interessante complicação de que a religiosidade se originou sob influência de mulheres (mãe e babá), enquanto a influência masculina tornou possível a libertação dela.

O surgimento da neurose obsessiva no terreno da organização sexual sádico-anal confirma, no conjunto, o que apresentei num outro lugar acerca da "predisposição à neurose obsessiva".[54] Mas a existência anterior de

54 *Internationale Zeitschrift für ärztliche Psychoanalyse*, v. 1, 1913, pp. 525 ss.

uma forte histeria faz o nosso caso mais obscuro nesse aspecto. Quero encerrar o panorama do desenvolvimento sexual de nosso doente lançando uma breve luz sobre as suas mudanças posteriores. Com a puberdade apareceu nele a corrente a ser chamada de normal: fortemente sensual, masculina, com a meta sexual da organização genital, e cujas vicissitudes preenchem o período até a enfermidade posterior. Ela se ligou diretamente à cena com Grucha, dela tomou a característica da paixão compulsiva, que surge e desaparece como um acesso, e teve de lutar com as inibições que derivavam dos resíduos da neurose infantil. Com uma violenta irrupção em direção à mulher, ele atingiu afinal a plena masculinidade; esse objeto sexual foi desde então mantido, mas ele não se alegrou com sua posse, pois uma forte inclinação para o homem, agora totalmente inconsciente, que juntava em si todas as forças das fases anteriores, desviava-o constantemente do objeto feminino e o obrigava a exagerar a dependência da mulher nos intervalos. No tratamento ele se queixava de que não podia conviver com uma mulher, e todo o trabalho se orientou para lhe desvendar a relação inconsciente com o homem. Sua infância se caracterizara, para resumir numa fórmula, pela oscilação entre atividade e passividade, sua puberdade pela luta pela masculinidade, e o período a partir do adoecimento pelo combate em torno do objeto da tendência masculina. Aquilo que precipitou sua doença não se inclui entre os "tipos neuróticos de adoecimento", que pude agrupar como casos especiais de "frustração",[55] e aponta assim para uma lacuna nesta classificação. Ele sucumbiu quando uma afecção orgânica do genital reavivou sua angústia de castração, causou dano a seu narcisismo e o obrigou a renunciar à expectativa de ser privilegiado

---

55 *Zentralblatt für Psychoanalyse*, v. 2, n. 6, 1912. ["Tipos de adoecimento neurótico".]

pelo destino. Portanto, ele adoeceu de uma "frustração" narcísica. Essa grande intensidade do seu narcisismo concordava inteiramente com os outros indícios de um desenvolvimento sexual inibido: que a sua escolha heterossexual de objeto concentrou em si, não obstante toda a energia, bem poucas tendências psíquicas, e que a atitude homossexual, tão mais próxima do narcisismo, nele se afirmou com tal tenacidade como poder inconsciente. Naturalmente a terapia psicanalítica não pode, em perturbações como essa, produzir uma reviravolta momentânea e algo equivalente a um desenvolvimento normal, mas apenas eliminar os obstáculos e aplanar os caminhos, para que os influxos da vida possam obter um desenvolvimento em melhor direção.

Como particularidades de sua natureza psíquica, que foram descobertas, mas não muito esclarecidas no tratamento psicanalítico, e por isso não puderam ser diretamente influenciadas, eu reuniria as seguintes: a tenacidade da fixação, já discutida, o extraordinário crescimento do pendor à ambivalência e, como terceiro traço de uma constituição que chamaria de arcaica, a capacidade de manter, um ao lado do outro e em condições de funcionamento, os mais diversos e contraditórios investimentos libidinais. O constante oscilar entre eles, em virtude do qual a resolução e o progresso pareceram por tanto tempo excluídos, dominou o quadro clínico da época adulta, que pude apenas tangenciar aqui. Sem dúvida alguma era esse um traço característico do inconsciente, que nele continuou nos processos tornados conscientes; mas se mostrava apenas nos resultados dos impulsos afetivos, nos âmbitos puramente lógicos ele revelava uma especial destreza em detectar contradições e inconsistências. De modo que se tinha, de sua vida anímica, uma impressão igual à da velha religião egípcia, que nos é tão inconcebível por conservar os estágios do desenvolvimento junto aos produtos finais, prosseguir com os deuses e atributos divinos mais antigos ao lado dos mais novos, estender numa superfície o que em outros desenvolvimentos se torna uma figura em profundidade.

Agora cheguei ao fim do que desejava comunicar sobre esse caso clínico. Dos numerosos problemas que ele sugere, dois ainda me parecem dignos de um relevo especial. O primeiro diz respeito aos esquemas filogeneticamente herdados, que, à maneira de "categorias" filosóficas, tratam da colocação das impressões recebidas na vida. Inclino-me a sustentar a concepção de que constituem precipitados da história da cultura humana. O complexo de Édipo, que compreende a relação da criança com os pais, está incluído entre eles, é mesmo o exemplo mais conhecido dessa espécie. Quando as vivências não se encaixam no esquema hereditário, sucede uma remodelação delas na fantasia, cuja obra seria certamente útil acompanhar em detalhe. Precisamente esses casos são adequados para nos demonstrar a existência autônoma do esquema. Com frequência pode-se notar que o esquema triunfa sobre a vivência individual, como em nosso caso, em que o pai se torna o castrador que ameaça a sexualidade infantil, não obstante um complexo de Édipo aliás invertido. Um outro efeito se dá quando a ama de leite toma o lugar da mãe ou se funde com ela. As discrepâncias entre a vivência e o esquema parecem abastecer de material abundante os conflitos infantis.

O segundo problema não se acha distante desse, mas é bem mais importante. Se considerarmos a conduta do menino de quatro anos diante da cena primária reativada,[56] e

56 Não é preciso levar em conta o fato de que só duas décadas depois esse comportamento pôde ser colocado em palavras, pois todos os efeitos que derivamos da cena já se manifestaram na infância e muito antes da análise, em forma de sintomas, compulsões etc. É indiferente se preferimos vê-la como cena primária ou como fantasia primária.

mesmo se pensarmos apenas nas reações bem mais simples do bebê de um ano e meio a vivenciar a cena, é difícil afastar a concepção de que uma espécie de saber dificilmente definível, algo como uma preparação à compreensão, também age na criança.[57] Em que pode consistir isso é algo que escapa à imaginação; dispomos apenas de uma única e excelente analogia, aquela com o vasto saber *instintivo* [*instinktiv*] dos animais.

Havendo um tal patrimônio instintivo também no homem, não seria de espantar se ele atingisse particularmente os processos da vida sexual, embora não possa de maneira alguma limitar-se a eles. Esse elemento instintivo seria o âmago do inconsciente, uma primitiva atividade do espírito, que posteriormente é destronada e recoberta pela razão humana que se vem a adquirir, mas com muita frequência, talvez sempre, mantém a força para fazer baixar até si os processos anímicos mais elevados. A repressão seria o retorno a esse estágio instintivo, e desse modo o homem pagaria com sua capacidade para a neurose a sua grande aquisição, e com a possibilidade da neurose testemunharia a existência do estágio preliminar anterior, de tipo instintivo. A significação dos traumas da primeira infância estaria em que abastecem esse inconsciente de um material que o protege da consumição pelo desenvolvimento ulterior.

Sei que pensamentos similares, que acentuam na vida psíquica o fator hereditário, adquirido filogeneticamente, já foram manifestados em diversas ocasiões, e creio que houve uma disposição muito fácil em lhes conceder lugar na avaliação e na estima da psicanálise. Eles me parecem admissíveis apenas quando a psicanálise, obedecendo à ordem correta das instâncias, depara com as

---

57 Devo novamente enfatizar que estas reflexões seriam supérfluas caso o sonho e a neurose não pertencessem ao período da infância.

pistas do que foi herdado após penetrar pelos estratos do que foi adquirido individualmente.[58]

58 [Acréscimo de 1923:] Ofereço mais uma vez a cronologia dos eventos mencionados nesta história:

Nascimento no dia de Natal.

Um ano e meio: Malária. Observação do coito dos pais ou de um momento em que estavam juntos, em que depois ele introduziu a fantasia do coito.

Pouco antes de dois anos e meio: Cena com Grucha.

Dois e meio: Lembrança encobridora da partida dos pais com a irmã. Ela o mostra sozinho com a Nânia, e nega assim a Grucha e a irmã.

Antes de três anos e três meses: Lamento da mãe ao médico.

Três anos e três meses: Início da sedução pela irmã, logo depois ameaça de castração da Nânia.

Três anos e meio: Governanta inglesa, início da mudança de caráter.

Quatro anos: Sonho dos lobos, origem da fobia.

Quatro anos e meio: Influência da história bíblica. Surgimento dos sintomas obsessivos.

Pouco antes dos cinco anos: Alucinação da perda do dedo.

Cinco anos: Mudança da primeira propriedade.

Depois dos seis anos: Visita ao pai doente.

Oito anos/ dez anos: Últimas irrupções da neurose obsessiva.

Minha exposição permitiu adivinhar que o paciente era russo. Eu lhe dei alta, curado, a meu ver, poucas semanas antes da inesperada irrupção da Guerra Mundial, e só o vi novamente quando, com as vicissitudes da guerra, as Potências Centrais tiveram acesso à Rússia meridional. Ele veio então a Viena, e contou que imediatamente após o fim do tratamento foi tomado do empenho de se livrar da influência do médico. Em alguns meses de trabalho ele dominou uma parcela da transferência ainda não superada; desde então o paciente, ao qual a guerra havia roubado a pátria, a riqueza e todas as relações familiares, sentiu-se normal e comportou-se impecavelmente. Talvez precisamente a sua miséria, ao satisfazer o seu sentimento de culpa, tenha contribuído para firmar seu restabelecimento.

LEIA MAIS PENGUIN-COMPANHIA
GRANDES IDEIAS

Sigmund Freud
O mal-estar na civilização

Tradução de
PAULO CÉSAR DE SOUZA

Escrito às vésperas do colapso da Bolsa de Valores de Nova York (1929) e publicado em Viena no ano seguinte, *O mal-estar na civilização* é uma penetrante investigação sobre as origens da infelicidade, sobre o conflito entre indivíduo e sociedade e suas diferentes configurações na vida civilizada. Este clássico da antropologia e da sociologia também constitui, nas palavras do historiador Peter Gay, "uma teoria psicanalítica da política". Na tradução de Paulo César de Souza, que preserva a exatidão conceitual e toda a dimensão literária da prosa do criador da psicanálise, o livro proporciona um verdadeiro mergulho na teoria freudiana da cultura, segundo a qual civilização e sexualidade coexistem de modo sempre conflituoso. A partir dos fundamentos biológicos da libido e da agressividade, Freud demonstra que a repressão e a sublimação dos instintos sexuais, bem como sua canalização para o mundo do trabalho, constituem as principais causas das doenças psíquicas de nossa época.

WWW.PENGUINCOMPANHIA.COM.BR

LEIA MAIS PENGUIN-COMPANHIA
CLÁSSICOS

Sigmund Freud

Totem e tabu

Tradução de
PAULO CÉSAR DE SOUZA

Depois do sucesso de O *mal-estar na civilização*, campeão de vendas da série Grandes Ideias, é lançado *Totem e tabu*, um dos mais ousados trabalhos do autor

A série Grandes Ideias lança agora um dos textos mais conhecidos e de profunda abrangência já escritos por Sigmund Freud: *Totem e tabu*, também com tradução de Paulo César de Souza. O subtítulo "Algumas concordâncias entre a vida dos homens primitivos e dos neuróticos" não chega a dar ideia da riqueza dos temas que aborda, pois os quatro ensaios que o compõem tratam da origem da religião e da moralidade, ou seja, da própria civilização. Baseando-se em estudos de antropologia, biologia e história, Freud lança a conjectura de que o ato fundador da sociedade humana foi o assassinato do pai da horda primitiva pelos próprios filhos. *Totem e tabu* foi a primeira aplicação da psicanálise a questões de psicologia social.

A edição deste fundamental ensaio de Freud é lançado após o enorme sucesso de vendas de O *mal-estar na civilização*, uma penetrante investigação sobre as origens da infelicidade, sobre o conflito entre indivíduo e sociedade e suas diferentes configurações na vida civilizada.

WWW.PENGUINCOMPANHIA.COM.BR

LEIA MAIS PENGUIN-COMPANHIA

GRANDES IDEIAS

Friedrich Nietzsche

100 aforismos de amor e de morte

Seleção e tradução de
PAULO CÉSAR DE SOUZA

A maioria dos treze livros publicados durante a vida de Nietzsche se compõe de breves seções numeradas. São os chamados "aforismos", que ele adotou dos moralistas franceses do século XVIII e a que deu maior extensão e amplitude temática.
Trata-se de milhares de reflexões sobre os mais diversos temas de filosofia, moral, religião, literatura, sociedade, sexualidade, política e também sobre inúmeras personalidades históricas e artísticas.

Desse extraordinário conjunto de observações, o tradutor Paulo César de Souza retirou uma centena de aforismos sobre dois temas universais, que interessam a todo ser humano e que talvez definam o que é ser humano: a necessidade do amor e a consciência da morte.

WWW.PENGUINCOMPANHIA.COM.BR

Esta obra foi composta em Sabon por Alexandre Pimenta
e impressa em ofsete pela Geográfica sobre papel Pólen Soft
da Suzano Papel e Celulose para a Editora Schwarcz
em março de 2016

A marca FSC® é a garantia de que a madeira utilizada na fabricação do papel deste livro provém de florestas que foram gerenciadas de maneira ambientalmente correta, socialmente justa e economicamente viável, além de outras fontes de origem controlada.